Die Entwicklung der gewerblichen Frauenarbeit im Kriege

Von

Dr. Marie-Elisabeth Lüders
M. d. N.

Sonderabdruck
aus Schmollers Jahrbuch, 44. Jahrgang

München und Leipzig
Verlag von Duncker & Humblot
1920

Alle Rechte vorbehalten.

Altenburg
Pierersche Hofbuchdruckerei
Stephan Geibel & Co.

Inhaltsverzeichnis: Die allgemeine Lage des Arbeitsmarkts für Frauen im Kriege S. 3—9. — Die einschlägigen behördlichen Stellen S. 9—10. — Die allgemeinen Gesichtspunkte für eine Regelung der gewerblichen Frauenarbeit S. 10—13. — Die Arbeitsnachweise S. 13—21. — Die Wohnungsfrage S. 21—22. — Die Hausfrauen- und Haustöchterreserve S. 22—24. — Veränderungen in Art und Dauer der Arbeit S. 25—29. — Die Anlernung und Ausbildung der Frauen S. 29—50. — Der ziffernmäßige Anteil der Frauen an der Kriegsarbeit S. 50—54.

Mehr als zwei Jahre waren nach Beginn des Krieges verflossen, bis die Erkenntnis sich in Deutschland genügend Geltung verschafft hatte, daß auch die vollzähligste militärische Rekrutierung nie und nimmer zum Erfolge führen könnte ohne genügenden Ersatz auf dem Arbeitsmarkte.

Es soll hier dahingestellt bleiben, ob es überhaupt für irgendeine der Nationen möglich war und auf deren Entschließung zum Eintritt in diesen Krieg von bestimmendem Einfluß gewesen wäre, diesen ungeheuerlichen Verbrauch an Material vorauszusehen und dadurch von vornherein die überragende Bedeutung des Arbeiterproblems für diesen Krieg zu erkennen.

Deutschland — oder richtiger, die Mittelmächte — hatte jedenfalls allen Anlaß, diese Fragen mit äußerstem Pessimismus und größter Aufmerksamkeit von Anfang an zu betrachten, da mit Englands Kriegserklärung sofort die ganze Grundlage des Krieges verschoben und zwei Sorten von Waffen in Gebrauch waren, deren eine — die Blockade — wir weder auch für uns schmieden, noch dem Feinde aus der Hand schlagen konnten. Wie wenig die Gefahr, die von dieser Seite des Krieges ausging, auch in leitenden Kreisen empfunden wurde, beweist vielleicht u. a. die Aufnahme unseres ersten Friedensangebotes im eigenen Lande von Mitte Dezember 1916, also zu einer Zeit, die vor- und nachher unter dem Zeichen der „Materialklemme" und des sogenannten „Hindenburgprogramms" mit dem Hilfsdienstgesetz stand, diesem gewaltigen Massenaufgebot von Menschen und Material, zu dessen Durchführung im November 1916 das Kriegsamt mit seinen drei wichtigsten Nebenabteilungen, dem Kriegsersatz- und Arbeitsamt (Ersatzdepartement), dem Waffen- und Munitionsbeschaffungsamt (Wumba) und der bedeutend erweiterten Kriegs-rohstoffabteilung geschaffen wurde, zu denen einige Monate später noch das Kriegswirtschaftsamt hinzukam zur Bearbeitung von landwirtschaftlichen Fragen.

Wenn auch das mit jedem Tage größer werdende und unvermeidlich in den gesamten Wirtschafts- und Zivilverwaltungsapparat immer stärker eingreifende Kriegsamt für seine einzelnen Abteilungen (zum Beispiel in der Feldzeugmeisterei und in Dezernaten des Kriegsministeriums) wichtige Vorläufer hatte, so kam doch einerseits in dieser riesigen organisatorischen Zusammenfassung unter einheitlicher Leitung und andererseits in der ganz breiten Basis, auf die ihre einzelnen Abteilungen — jede unter eigenem Ressortchef — jetzt aufgebaut wurden, die Erkenntnis von dem für uns so drohenden Doppelgesicht des Krieges zum ersten Male voll zum Ausdruck. Einen anderen, besseren Weg, um die auf das höchste drängenden Aufgaben zu lösen (zum Beispiel unter weit größerer Zurückhaltung bei den Eingriffen in Gebiete der zivilen Verwaltungen) gab es — trotz allem — nicht, da nur eine militärische Instanz in der Lage war, ihren Anforderungen genügend schnelle und genügend allgemeine Geltung, ungehemmt durch die bundesstaatlichen Landesgrenzen, zu verschaffen. Sehr viele Schwierigkeiten und Mißstimmungen der militärischen und der zivilen Organe untereinander sind auch nicht aus der Sache selbst, um die es sich im einzelnen Falle handelte, entstanden, sondern durch den allerdings in jeder Beziehung sehr großen Übelstand, daß die Armeekorpsgeographie, auf der die Tätigkeitsbereiche der kriegsamtlichen Unterorganisationen (Kriegsamtstellen) aufgebaut waren, nicht mit der Bundesstaats- und Provinzialgeographie übereinstimmte[1]. Die Geographie der Letzteren ist aber in den meisten Beziehungen keine zufällige Konstruktion, sondern sie birgt organisch gewachsene und festgewurzelte wirtschaftliche Zusammenhänge in sich, und die Aufgabe des Kriegsamtes: „die höchste Ausnutzung aller wirtschaftlichen Kräfte herbeizuführen", wurde durch diese äußerliche Divergenz innerlich stark behindert.

Ob eine frühzeitigere Inangriffnahme der „systematischen Organisation des Wirtschaftskrieges" uns vielleicht eher zum Frieden geführt oder zu längerem Aushalten befähigt hätte, ist heute eine müßige

---

[1] Diese Schwierigkeiten wurden nach und nach so stark empfunden, daß der Aufbau des „Kriegswirtschaftsamtes" und der ihm nachgeordneten „Kriegswirtschaftsstellen" den Zivilverwaltungsbezirken angepaßt wurde.

und wohl überhaupt nicht zu beantwortende Frage; daß sie aber für die erfolgreiche Inangriffnahme der Arbeiter= frage zu spät eingesetzt hat, wodurch natürlich auch die Ent= wicklung des Ersatzgeschäftes erheblich behindert werden mußte, ist nicht zu bezweifeln.

Ganz besonders trifft das für die Verwertung der Frauen= arbeit zu. Man hatte „die Rekrutierung der Frau" als besonderes Moment im Wirtschaftskriege bislang vollkommen übersehen. Man hatte sich weder über die vorhandene Menge von Frauen ein klares Bild im allgemeinen zu machen versucht, noch über deren Alter, Familienstand, bisherige Arbeitsleistung und mögliche Verwendbarkeit im einzelnen; am allerwenigsten aber über die eventuelle Notwendigkeit und Möglichkeit ihrer Anlernung oder Ausbildung für die den Frauen bislang fremden Arbeiten. Als Mitte November 1916 die Forderung gestellt wurde, in überkurzer Frist erstmals eine erschreckend hohe Zahl industriell verwendbarer Frauen mobil zu machen, stand man einerseits immer noch unter dem Eindruck der weiblichen Arbeits= losigkeit der Frauen bei Kriegsausbruch und glaubte ein unerschöpfliches Reservoir vor sich zu haben, anderseits meinte man, es handle sich um nichts andres für die Frauen als um ungelernte Handlanger= dienste. Das waren schwere Irrtümer. Wenn auch — durch die verschiedensten Gründe veranlaßt — viel mehr Frauen als im Frieden bereit waren, in außerhäusliche Erwerbsarbeit einzutreten, und diese auch naturgemäß zuerst in großen Mengen vor allem für ungelernte Aushilfsarbeiten — sofern diese nicht besondere momentane Kraft= leistungen verlangten — eingestellt wurden, wenn ferner eine gewisse „stille Reserve" in der unzulänglich organisierten Kriegsheimarbeit, verborgen war, und noch eine „Streckungsreserve" aus solchen Betrieben herauszuholen war, die — um Betrieb und Arbeiterstock über Wasser zu halten, — noch mit verkürzten Schichten oder nur tageweise arbeiteten, so entsprachen Ende 1916 die allgemeinen zahlenmäßigen Voraussetzungen keineswegs mehr dem speziellen Bedürfnis, denn schon im Frühjahr und Sommer desselben Jahres klagten zahlreiche Betriebe nicht nur über die Schwierigkeiten, genügend, sondern vor allem technisch brauchbare weibliche Arbeitskräfte zu bekommen. Aller= dings die sehr naheliegende Frage der Unterweisung und Ausbildung der Frauen für die Arbeit hatte auch von diesen Betrieben kaum ein einziger schon damals in Angriff genommen, und es hat noch geraume Zeit gedauert, bis es gelungen ist, Behörden und Arbeit= geber von den stets wiederholten Argumenten: „Es lohnt ja nicht", —

„es ist doch nur für kurze Zeit", „es sind noch so viele Frauen da", abzubringen und auch auf diesem Gebiete zu intensivem und systematischem Vorgehen zu veranlassen, entsprechend den an die Frauen gestellten, ständig zunehmenden und wechselnden Anforderungen, über die an anderer Stelle ausführlicher zu sprechen sein wird.

Vergegenwärtigen wir uns, bevor auf die besonderen Verhältnisse im Kriege eingegangen wird, kurz die Entwicklungstendenzen der Frauenarbeit vor dessen Ausbruch. Für diese Zeit ist ganz allgemein festzustellen, daß der Zahl nach eine **starke Zunahme der Frauenarbeit überhaupt**, eine **schnellere Zunahme der Zahl der erwerbstätigen Frauen als der der Männer**, und unter den Frauen eine **besonders schnelle Zunahme der erwerbstätigen Ehefrauen**, und schließlich die besonders starke Zunahme der Frauen bei der **ungelernten Arbeit** eingetreten war. Die Gründe hierfür sind bekannt: Die schnell gestiegene Ausdehnung der Produktion und des Handels, sowohl im In= wie im Auslande, hatte den Bedarf der Volkswirtschaft an Arbeitskräften so vermehrt, daß der Vorrat an unbeschäftigten männlichen Personen — im allgemeinen betrachtet — bereits vor dem Kriege erschöpft war. Sodann verließen die Männer bei guter Konjunktur je länger je mehr die Stellen in den schlechter entlohnten Berufszweigen und überließen sie freiwillig den nach= drängenden Frauen (Textilindustrie, Zigarrenindustrie, Heimarbeit), während sie selbst in einträglichere Arbeitszweige übergingen. Ferner — und hierdurch war späterhin die Verwendbarkeit der für die kriegs= wirtschaftliche Produktion benötigten Frauen wesentlich beeinflußt — ermöglichte und forderte die Entwicklung der Industrie die Einstellung großer Mengen **ungelernter Arbeitskräfte**. Die Herstellung von Massenartikeln in Großbetrieben und die damit verbundene Nor= malisierung, Typisierung und Mechanisierung des Produktionsprozesses **ermöglichte technisch und forderte rechnerisch die An= stellung ungelernter, billigerer Arbeitskräfte, also in erster Linie der Frauen**. Unterstützt wurde diese Entwicklung noch durch die herkömmliche Auffassung von der Unrentabilität der für die Erziehung und Ausbildung der Mädchen aufgewendeten Kosten unter dem Gesichtspunkte, daß diese später doch heirateten und dann eventuell erworbene gewerbliche Kenntnisse nicht mehr auf dem Arbeits= markte verwerten könnten. Das Verkehrte dieser Ansicht trat schon lange vor dem Kriege klar zu Tage in der starken Zunahme der erwerbstätigen Ehefrauen, die zu einem sehr großen Teil bei steigender

Kinderzahl aus wirtschaftlichen Gründen wieder in ihre frühere oder in andere Arbeit eintraten, dann jedoch nicht etwa ihrem höheren Alter entsprechend in höhere und besser entlohnte Stellungen, sondern genau auf der alten Arbeitsstufe wieder von vorne anfingen neben jungen Burschen und Mädchen.

Die oben skizzierte Entwicklung, die bereits vor dem Kriege sehr schnell vor sich gegangen war und sich während des Krieges überstürzt hat, läßt immerhin auch für diese Zeit die für die Frauenarbeit bestehenden alten Tendenzen noch erkennen, wenn auch mit gewissen Abweichungen, die zunahmen, je länger der Krieg dauerte.

Bei Beginn des Krieges machte sich — wie bekannt — in den ersten Wochen und Monaten durch die plötzliche Lähmung des ganzen Wirtschaftslebens eine große Arbeitslosigkeit unter den Frauen bemerkbar, die jedoch nach Verlauf von ungefähr 4—5 Monaten langsam zu schwinden begann, bis der Vorrat auch der unbeschäftigten weiblichen Arbeitskräfte sich nach und nach langsam zu erschöpfen anfing. Daß die Behörden und die Arbeitgeber sich längere Zeit über diese beginnende Erschöpfung des Reservoirs täuschten, hat seinen Grund mit in dem häufigen Wechsel des Arbeitsplatzes durch die Frauen, die gleichsam wie Statisten immer wieder über die Bühne des Arbeitsmarktes zogen und durch ihr fortwährendes neues Angebot den irrtümlichen Eindruck unerschöpflicher Massen machten.

Vor allem aber wurde die Erkenntnis der wirklichen Sachlage durch die geradezu trostlose Verfassung des weiblichen Arbeitsnachweiswesens behindert, dessen dringend notwendiger Reorganisation — oder richtiger gesagt, Organisation — aber leider gerade die Arbeitgeber, einschließlich der Staatsbetriebe bis zum Schluß des Krieges nur geringes Verständnis entgegenbrachten. Sie waren weder dazu zu bewegen, auf das Annoncieren zu verzichten, noch auf die Annahme am Fabriktor und das Anwerben durch Agenten. Durch die Unsitte, in den Annoncen viel mehr Arbeiter anzufordern, als man tatsächlich benötigte, wurden zahlose Frauen immer wieder dazu veranlaßt, ihren derzeitigen Arbeitsplatz zu verlassen, um sich — in der Hoffnung auf bessere Arbeitsbedingungen — an der anderen Stelle zu melden. Die Agenten aber — durch die Werbeprämien an möglichst zahlreichen Vermittlungen interessiert —, holten aus allen Ecken des Reiches wahllos heran, was sie bekommen konnten und verleiteten viele Frauen — oft sogar mit Kindern — unter übertriebenen Versprechungen zum Verlassen der Heimat. Dadurch wurde die Übersicht des Arbeitsmarktes im Bedarfs- und im Überschußgebiet verhindert, das Fluktuieren der Arbeiterschaft noch mehr gefördert, Transportmittel belastet, Geld vergeudet und die Verwaltung und Produktion der Betriebe geschädigt. Einer Besserung standen aber auch die in sächlicher und persönlicher Hinsicht vielfach ganz unzureichenden öffentlichen Arbeitsnachweise entgegen.

Ihre Anzahl genügte dem Bedürfnis bei weitem nicht; ihre fachliche Gliederung war unzulänglich, ihre Statistik, die doch als Basis für die praktische Vermittlung dienen sollte, hatte große Mängel, zum Beispiel durch die in den Nachweisungen fehlende Trennung von Arbeitslosen und Arbeitsuchenden; ihr Personal stand den Anforderungen des weiblichen Arbeitsmarktes nicht selten völlig verständnislos gegenüber.

War es schon vor dem Kriege in kaum nennenswerter Weise gelungen, für den Gedanken der "Verteilung der Arbeit unter die Geschlechter nach Kraft und Eignung" in weiteren Kreisen Verständnis zu finden, so ließ der Krieg für dessen Verwirklichung natürlich gar keinen Raum mehr, und unter dem Zwange kriegswirtschaftlicher Notwendigkeiten wurden den Frauen noch mehr als bisher Arbeiten aufgetragen und von ihnen übernommen, die teils ihrer Art nach zu schwer oder der Dauer nach zu lang waren, sowie andere an sich leichte Arbeiten, die aber durch Arbeitstempo und Arbeitsdauer bei der Herstellung Schädigungen für die Gesundheit der Frauen nach sich zogen. Dieser Verteilungsprozeß hatte sich bislang mehr unter der Oberfläche abgespielt, sodaß die schweren — wirtschaftlich, gesundheitlich und sittlich gleichermaßen bedenklichen — Übelstände, die diese "wilde Rekrutierung" mit sich brachte, nicht klar zu Tage traten. Wohl wurden Stimmen laut, die auf die hohen Durchgangsziffern der weiblichen Belegschaften zahlreicher Firmen hinwiesen; andere, die unter Verweisung auf die körperliche Anstrengung durch die Art, die Dauer oder die Zeiteinteilung der Arbeit die Wiedereinführung der Arbeiterinnenschutzbestimmungen forderten oder vor der offenbaren Gefährdung, besonders der jugendlichen Mädchen in den ungewohnten Arbeitsverhältnissen, sowie der ihrer Mütter tagsüber und oft auch des Nachts beraubten Kinder warnten.

Das Urteil der breiten Öffentlichkeit aber — nnd auch vieler, die es selbst bei geringem Nachdenken besser wissen konnten — machten für die ständig zunehmenden Mißstände kurzerhand "Die Untüchtigkeit, Ungeschicklichkeit, Faulheit und Dummheit" der Frauen ver=

antwortlich. Kurzsichtig und ungerecht — nicht selten auch durch Konkurrenzfurcht stark voreingenommen — verlangte man, wie auch im Frieden, daß Frauen, ohne jemals dafür vorgebildet worden zu sein, im gegebenen Augenblick jede Arbeit zur Zufriedenheit ausführen sollten und dabei gleichzeitig den zweiten Beruf als Hausfrau und Mutter oder in deren Stellvertretung als Haustochter ausüben sollten. Die ungeheuren Erschwerungen, mit denen diese Frauen außerdem in der Versorgung ihrer Privatwirtschaft durch die Rationierung zu kämpfen hatten, zog man vollends kaum in Betracht. Bemühten sich aber die Frauen, für die ihnen übertragenen Spezialarbeiten sich die nötige Ausbildung und Routine anzueignen, um das Bestmögliche zu leisten, so wurden ihnen nicht selten von den männlichen Arbeitern wenig erfreuliche Hindernisse in den Weg gelegt, die sich sogar in verschiedenen Fällen bis zu Tätlichkeiten steigerten, wenn die neuen Kolleginnen durch größeren Fleiß in der gleichen Zeit mehr geleistet und dadurch mehr verdient hatten. Die hieraus entstandene Gegnerschaft hat keineswegs mit dem Kriege ihr Ende gefunden, und es ist nicht uninteressant, zu beobachten, wie sie sich in der Haltung der Männer in den verschiedenen Parlamenten, Berufs- und Standesvertretungen gegenüber dem selbstverständlich auch für die Frauen geltenden Grundsatz: „Freie Bahn dem Tüchtigen" geltend macht.

Um den Forderungen des „Hindenburgprogramms" gerecht werden zu können, mußte an die Stelle „der wilden" die „planmäßige" Rekrutierung treten und gleichzeitig versucht werden, durch besondere Maßnahmen den im Gefolge übermäßiger Frauenarbeit liegenden gesundheitlichen und sittlichen Gefahren zu steuern.

Diese Aufgaben fielen im Rahmen der kriegsamtlichen Organisation der „**Frauenarbeitszentrale beim Kriegsamt**" (beziehungsweise dem Referat Frauen beim Ersatzdepartement) und den angegliederten Frauenreferaten bei den Kriegsamtstellen (am Sitz der Generalkommandos) zu, unter deren Leitung die **Frauenarbeitsnebenstellen** die bezirksweise Zusammenfassung und die **Fürsorgevermittlungsstellen** die örtlichen Aufgaben zu übernehmen hatten. Frauenarbeitsnebenstellen wurden besonders in Bezirken gegründet, die entweder nicht zu Preußen gehörten und sich daher naturgemäß abgrenzten (zum Beispiel Schwerin, Darmstadt) oder die besonders schwierige Arbeiterinnenverhältnisse aufwiesen oder bei denen die Zusammendrängung besonders vieler Betriebe auf ein enges Gebiet intensivste Arbeit erforderte. Den Fürsorgevermittlungsstellen wurde kein rein militärischer Charakter beigelegt, da die in ihnen tätigen Personen mehr vereins= als behördenmäßig zu arbeiten gewohnt waren. Sie stellten in den meisten Fällen einen Sammelpunkt der an ihrem Arbeitsorte bereits vorhandenen Fürsorgeeinrichtungen dar, um diese für die Aufgaben des Kriegsamtes nutzbar zu machen. Die Leitung wurde einer Persönlichkeit aus der Zivil= und Kommunalbehörde oder einer sozialgeschulten mit den Lokal= und Personalangelegenheiten vertrauten Frau übertragen, die in vielen Fällen ehrenamtlich arbeitete. Wo eine Besoldung notwendig wurde und wo fürsorgerische Einrichtungen neugeschaffen oder ergänzt werden mußten, übernahm das Kriegsamt ganz oder teilweise aus den vom Reichsschatzamt und vom ehemaligen Deutschen Kaiser zur Verfügung gestellten Fonds die Mittel. Die Fürsorgevermittlungsstellen arbeiteten in engster Verbindung mit den im Anschluß an die Ausgestaltung der Arbeitsnachweise geschaffenen Frauenarbeitsmelde= und Frauenarbeitsberatungsstellen und waren in ihrer Tätigkeit an Richtlinien gehalten, die sie von den Referaten Frauen der Kriegsamtstellen erhielten.

Außer diesem behördlich organisierten Apparat sicherte sich die Frauenarbeitszentrale noch die Mithilfe einiger besonders fachkundiger Persönlichkeiten, die verschiedenen Kommissionen zugeteilt wurden, Gutachten erteilten, auch Besichtigungsreisen machten, Richtlinien und Merkblätter ausarbeiteten und zu ihrer eigenen Orientierung über alles auf dem Laufenden gehalten wurden[1].

Hände um „jeden Preis" erforderte das militärische Interesse, Schonung der sittlichen und gesundheitlichen Kräfte der Frauen erforderte die Rücksicht auf den zukünftigen Bestand unseres Volkes. Um letztere auch nur einigermaßen zur Geltung zu bringen gegenüber dem, unter dem Zwange kriegswirtschaftlicher Notwendigkeiten immer einseitiger betonten Gesichtspunkte der Produktion, bedurfte es für das Kriegsamt der Mitarbeit und Unterstützung weitester Kreise. Deshalb faßte die Frauenarbeitszentrale die größten sozialpolitischen Organisationen, die führenden Frauen= und Wohlfahrtsvereine in dem „Nationalen Ausschuß für Frauenarbeit im Kriege" zusammen und versicherte sich durch deren Leitung auch der „rückhaltlosen Mitarbeit" der zu ihnen gehörenden Unterorganisationen. Leider haben sich nicht

---

[1] Vgl. Kriegsamt, amtliche Mitteilungen und Nachrichten, Nr. 7; 1. Vierteljahresbericht der Frauenarbeitszentrale, Kriegsamt=Stab, Mai 1917.

alle Organisationen — zum Beispiel der Vaterländische Frauenverein — in vollem Umfange an diese Abmachungen gehalten, wodurch verschiedentlich nicht unerhebliche Schwierigkeiten für die dringend notwendige Durchführung fürsorgerischer Maßnahmen entstanden sind.

Es hätte vielleicht nahegelegen, die Vorschriften des **Hilfsdienstgesetzes einfach auf die Frauen auszudehnen**, zumal diese wiederholt beim Kriegsamt darum baten. Von dieser Maßnahme wurde jedoch vor allem darum abgesehen, weil die für Millionen von Frauen neu aufzustellenden Stammrollen ein nach vielen tausenden zählendes Personal erfordert hätten, sodann, weil sich **objektive Maßstäbe für die in unübersehbar vielen Fällen berechtigten und notwendigen, dauernden oder vorübergehenden Befreiungen nicht finden ließen** und hierdurch nicht nur eine Flut von Reklamationen ständig zu bearbeiten gewesen wäre, sondern vor allem auch die Gefahr vorlag, daß ihnen um so mehr eine nicht versiegende Quelle ernster Mißstimmung entspringen würde, weil die Zwangsbestimmungen vor allem die breite Schicht der minderbemittelten Frauen getroffen haben würden.

Ein **Verzicht auf ergänzende fürsorgerische Maßnahmen** wäre natürlich auch im Rahmen des Hilfsdienstgesetzes unmöglich gewesen, denn ohne diese wären selbst die strengsten gesetzlichen Vorschriften nicht imstande gewesen, dem eigenartigen Charakter der Frauenarbeit im Wirtschaftsleben zum Trotz „den alleinigen Zweck aller Maßnahmen", nämlich: „die Sicherstellung und Heranziehung der notwendigen Arbeitskräfte zur Durchführung des Hindenburgprogramms" zu erreichen. Aus dieser richtigen Erkenntnis heraus begnügte man sich damit, den Weg des freiwilligen Angebotes zu verfolgen unter dem Motto: „**Mobilisierung der Frauen durch die Frauen**", unter dem der erste Chef des Kriegsamtes die verantwortliche Leitung aller die Frauenarbeit betreffenden oder mit ihr in Verbindung stehenden Angelegenheiten durch theoretisch und praktisch auf diesem Gebiete erfahrene Frauen verstand. Dieser Grundsatz wurde allerdings nur kurze Zeit aufrecht erhalten, da auch für die Frauenarbeit aus dem Felde kommende Berufsoffiziere bald ihren Einfluß an wichtigen Plätzen geltend machten, denen zum Teil die wirtschaftlichen Verhältnisse im allgemeinen ebenso fremd waren wie die Voraussetzungen der Frauenarbeit im besonderen. So kam es, daß zum Beispiel — trotz der dringenden Vorstellungen von seiten der beteiligten Frauen und von Praktikern des Arbeitsnachweswesens — eine geradezu erschreckende Verwirrung durch militärische Aufrufe zum Hilfsdienst hervorgerufen wurde, die sich auch noch in jedem Satze im besonderen an die Frauen zur **freiwilligen Hilfsdienstmeldung** wandten und alle „diejenigen, die nicht **sofort** in den Hilfsdienst eingestellt werden könnten, sondern auf ihre Einberufung für spätere Zeit warten müßten, für sofortige Bereitwilligkeitserklärung des Dankes des Vaterlandes versicherten." Zu Tausenden verließen daraufhin die Frauen Hals über Kopf die Arbeitsplätze und strömten den militärischen Stellen zu, wo gar keine Verwendung für sie war! Die gleichen persönlichen Umstände verhinderten es auch monatelang, daß die Angelegenheit der Etappenhelferinnen, deren Regelung wegen der Schaffung des notwendigen Ersatzes einerseits und des persönlichen Schutzes der Helferinnen andererseits gleichermaßen bringend war, in weibliche Hände gelegt wurde und auch dann noch den von den Frauen gemachten Vorschlägen fast unüberwindliche Hindernisse in den Weg gelegt wurden, obschon die in der Materie an sich liegenden Schwierigkeiten groß genug waren. Aus den gleichen Gründen gelang es erst im November 1917, — also fast 1 Jahr nach Begründung der Referate Frauen — die mit Rücksicht auf die Einheitlichkeit der Arbeit so bringend erforderliche Beteiligung der Referentinnen an den Werkbesichtigungen durch die Fachoffiziere, sowie an ihren Sitzungen, die den Hilfsdienst betrafen — soweit dabei der Ersatz männlicher Arbeitskräfte durch Frauen in Frage kam — durchzusetzen. Bei dem Umfang, der Schwierigkeit und Dringlichkeit des von dem Kriegsamte für die Organisation der Frauenarbeit zu bewältigenden Programmes barg aber ein jedes aus solchen Gründen stammendes, und deshalb überflüssiges, Hindernis die Gefahr der Verzögerung oder Verhinderung des Erfolges in sich.

Um das gesteckte Programm durchzuführen, galt es vornehmlich fünf Aufgaben anzugreifen:

1. Die Steigerung der Zahl der kriegswirtschaftlich tätigen Frauen besonders in allen Heeresbedarfsbetrieben und in der Landwirtschaft.
2. Die geeignete Anpassung bzw. Neuschaffung der Organe und Methoden zur Anwerbung und Vermittlung von Arbeitskräften für den besonderen Zweck.
3. Die Anlernung bzw. Ausbildung der weiblichen Arbeitskräfte.
4. Die Steigerung der Arbeitsfähigkeit der Frauen nach Quantität und Qualität der Ware.

5. Die Steigerung der Arbeitsstetigkeit in bezug auf Arbeitsplatz und Zeitdauer.

Die Lösung der 2. und 3. Aufgabe war eine wesentliche Voraussetzung für Erfolge auf den übrigen Gebieten, die außerdem noch von anderen Momenten stark beeinflußt wurden: der Körperkraft und Intelligenz, der Herkunft, dem Alter und Familienstand, der früheren Berufszugehörigkeit der Frauen, dem Ernährungsstand, dem Wohnungs- und Transportwesen.

Um die genügende Anzahl der zum Ersatz der Männer erforderlichen Frauen zu gewinnen, kamen die erwähnten vier Quellen in Betracht: die noch nicht völlig erschöpfte offene Reserve mit Hilfe der Arbeitsnachweise; die — sogenannte — stille Reserve aus den Reihen der Frauen, die zwar beschäftigt waren, deren Kraft aber nach Art und Dauer der Arbeit nicht voll ausgenutzt war, wie zum Beispiel in verschiedenen Zweigen der Kriegsheimarbeit; die Streckungsreserve aus der weiblichen Belegschaft von Betrieben, die aus Mangel an Rohstoffen mit verkürzter Arbeitszeit (Textilindustrie) arbeiteten und nicht geneigt waren, ihre bei Vollbetrieb überschüssigen Arbeitskräfte freiwillig anderen Industrien zu überlassen; und schließlich die Hausfrauen- und Haustöchterreserve auch des Bürgerstandes.

Die Gewinnung der Frauen stieß begreiflicherweise auf erhebliche Hindernisse. Eines der größten war und blieb die schon erwähnte Verfassung des weiblichen Arbeitsnachweisewesens. Die Anzahl der vorhandenen weiblichen Abteilungen war völlig unzureichend, den meisten fehlte der notwendige fachliche Ausbau, und das an ihnen beschäftigte Personal (von Ausnahmen abgesehen) war den Aufgaben nicht im entferntesten gewachsen. Dem dringend notwendigen schleunigen Um- und Ausbau setzten aber die Organisationen der Arbeitgeber und Arbeitnehmer und auch die lokalen Behörden, auf deren aller geldliche, organisatorische und agitatorische Unterstützung man angewiesen war, mehr oder weniger aktiven oder passiven Widerstand entgegen. Man griff einfach in die Luft, zumal man auch bei zahlreichen männlichen Arbeitsnachweisen und ihren Leitern auf sehr wenig Verständnis und Hilfe für die Einrichtung der neuen weiblichen Abteilungen stieß, selbst wenn es möglich gewesen wäre, geeignete Vermittlerinnen in genügender Anzahl zur Verfügung zu stellen. Dazu kam noch das allgemeine Vorurteil des Publikums gegen die Benutzung des öffentlichen Arbeitsnachweises, dem fast allgemein das Odium anhaftete, daß sich bei ihm nur untüchtige und Gelegenheitsarbeiter meldeten. Zu dieser, die Bestrebungen der Reorganisation schwer schädigenden Einschätzung hatte leider die Machtpolitik der Interessentennachweise der Arbeitgeber und Arbeitnehmer vor und auch noch während des Krieges wesentlich beigetragen, die in der Konkurrenz erfolgreich wirkender öffentlicher Arbeitsnachweise nach wie vor eine Gefahr für eines ihrer stärksten wirtschaftlichen und politischen Kampfmittel sahen. Auch den Zentralauskunftsstellen (oder Arbeitsnachweisverbänden) ist es — selbst wenn sie bei der Arbeitsmarktberichterstattung und dem Stellenausgleich nach dem Grundsatz der Gleichberechtigung aller angeschlossenen Nachweise verfuhren — nicht gelungen, diese Gegensätze ganz zu überbrücken. So erklärt es sich, daß auch bis heute nur ein Teil dessen erreicht ist, was erstrebt wurde — wennschon die vom Kriegsamt geschaffenen Zentralauskunftsstellen sehr großen Nutzen gestiftet haben —, und daß noch beim Ende des Krieges verhältnismäßig wenige vollausgebaute weibliche Arbeitsnachweise mit dazugehörigen Berufsberatungs- und Frauenarbeitsmeldestellen vorhanden waren, die Hand in Hand mit den Fürsorgevermittlungsstellen arbeiteten. Wo dieser bereits Januar 1917 vorgesehene lückenlose Aufbau vorhanden war, leistete er während des Krieges und bei der sturmflutartigen Demobilisation durch die Zusammenarbeit mit den Organen der Demobilmachungskommissare und -ausschüsse wertvolle Dienste bei der Zurückziehung der Frauen vom Arbeitsmarkt, beim Abtransport und der Verschiebung Ortsfremder und Arbeitsloser, durch Vermittlung von Unterkunft und Einrichtung von Kursen für Arbeitslose, durch deren Beratung, durch Dezentralisation der Vermittlung in fliegenden Arbeitsnachweisen, Übernahme der Vor- und Nachprüfung für die Gewährung der Erwerbslosenunterstützung, Abhaltung von Sprechstunden usw.

Auf kaum einem der vom Kriegsamt bearbeiteten Gebiete sind so viele Erlasse hinausgegangen, wie in Sachen der sächlichen und persönlichen Ausgestaltung der Arbeitsnachweise, insonderheit mit Rücksicht auf die Gewinnung weiblicher Arbeitskräfte durch zweckmäßige Verbindung von Angebot und Nachfrage. Für grundsätzliche, systematische Reformen fehlten jedoch während des Krieges die psychischen, technischen und finanziellen Voraussetzungen. Zwei wesentliche Aufgaben hätten aber trotzdem in Angriff genommen werden können: die Feststellung der vorhandenen freien weiblichen Arbeitskräfte, die — ohne daß man eine allgemeine Stammrolle aufstellte — möglich war in Verbindung mit dem

Kartensystem der Lebensmittelrationierung, und die **Führung einer laufenden Übersicht** über die in kriegswirtschaftlichen Betrieben tätigen Frauen, welche beide erheblich dazu hätten beitragen können, um dem im Zusammenhang mit den Offensiven wechselnden Bedarf des Arbeitsmarktes leichter nachgeben zu können, die Maßnahmen zur Prüfung und Verteilung der Frauen nach ihrer Eignung sowie die Einleitung rechtzeitiger und ausreichender Fürsorge zum Beispiel für Wohnung, Ernährung, Kleidung usw. zu stützen und schließlich auch die Demobilmachung zu erleichtern.

Den „Richtlinien" vom Ende Januar 1917 — ergänzt durch die gleichzeitig an die Fürsorgevermittlungsstellen ergangene Anweisung über die Zusammenarbeit mit den Arbeitsnachweisen —, die im Anschluß an eine schon März 1915 vom Reichstag gefaßte Resolution die Zentralauskunftsstellen ins Leben riefen, und alle weiblichen Personen als eine der aufgeführten drei Hauptgruppen grundsätzlich in die Organisation und den Aufgabenkreis der Arbeitsnachweise mit einbeziehen, folgte im Februar ein Erlaß über die Heranziehung möglichst aller mit landwirtschaftlichen Arbeiten vertrauten und nicht in der Kriegswirtschaft tätigen städtischen Frauen zur Landarbeit. Bei Durchführung des letzteren sollten die „Kriegswirtschaftsämter" mithelfen und der „Nationale Ausschuß für Frauenarbeit im Kriege" im Anschluß an einen an ihn besonders gerichteten Aufruf die Werbetätigkeit besonders durch seine ländlichen Unterorganisationen unterstützen. Die Bemühungen für die Landwirtschaft scheiterten an der schon erwähnten Unzulänglichkeit der Arbeitsvermittlung, ferner an der Furcht der Frauen vor dem Verlust der städtischen Mietsunterstützung und dadurch auch der städtischen Wohnung, sowie vor der Herabsetzung der Kriegsunterstützung auf dem Lande; an dem hartnäckigen Widerstande der Landwirte, die sich darauf verließen, daß ihnen doch noch in letzter Stunde militärische Hilfe zugewiesen würde, und schließlich an der — Hand in Hand mit den Landwirten gehenden — Abneigung der Gemeinden, die bei längerem Aufenthalt den Erwerb des Unterstützungswohnsitzes durch die Hinzugezogenen befürchteten. Leider wurden keine durchgreifenden Maßnahmen getroffen, um durch zweckdienliche Bestimmungen die Furcht der Gemeinden und der Frauen zu beseitigen, und die Landwirte wurden in ihrer Hoffnung nicht enttäuscht, so daß man nicht nur im laufenden Jahre — wie ein Erlaß des Landwirtschaftsministeriums beweist —, sondern auch fernerhin vor der gleichen Kalamität stand, wennschon die Neigung der Frauen, auf das Land zu gehen, in der Aussicht auf bessere Ernährung späterhin größer war, die Landwirte und Gemeinden sich aber gegen die unerwünschten hungrigen Gäste, zumal wenn diese mit Kindern kamen sträubten.

Die notwendigen Ergänzungen der erstgenannten nur in großen Zügen ausgeführten „Richtlinien" für den „Ausbau des weiblichen Arbeitsnachweiswesens mit Rücksicht auf die Kriegswirtschaft" kamen erst im März heraus. Sie ordneten bei allen nicht gewerbsmäßigen Arbeitsnachweisen die Einrichtung weiblicher Abteilungen an, eine angemessene Vertretung der weiblichen Arbeitsvermittlung in den Zentralauskunftsstellen, sowie die Errichtung einer Frauenarbeitsmeldestelle bei jeder Hilfsdienstmeldestelle und im Zusammenhang mit jener eine Frauenarbeitsberatungsstelle, um dem „wilden Anwerben" entgegenzutreten und insonderheit die bislang noch nicht beruflich tätigen oder ihre Stellung wechselnden Frauen zu beraten und sie nötigenfalls den Fürsorgevermittlungsstellen zuzuweisen. Die Durchführbarkeit und Zweckmäßigkeit der den Frauenarbeitsmeldestellen zugewiesenen Aufgaben — eine weitgehende Zentralisation der Meldungen offener Stellen zu fördern — haben unter anderem spätere Abmachungen der Frauenreferate mit den Eisenbahndirektionen bewiesen, die wie die meisten staatlichen Dienststellen nur mit großem Widerstreben von den irrationellen Methoden des Inserates, der Anschläge, der Pförtnernachweise usw. abgingen; fand sich doch das Waffen- und Munitionsbeschaffungsamt zur grundsätzlichen Benutzung der Frauenarbeitsmeldestellen für die ihm unterstellten Betriebe erst vier Monate vor Kriegsende bereit, was natürlich auf das Verhalten der Privatindustrie in dieser Frage während des Krieges sehr nachteilig wirkte und die Bedarfsdeckung gerade in den wichtigsten Bezirken hemmte. Für die Mitarbeit in den Beratungsstellen sollten in „sozialer Arbeit und im gewerblichen Leben erfahrene Persönlichkeiten namentlich auch der öffentlichen und Vereinswohlfahrtseinrichtungen" herangezogen werden, besonders im Anschluß an das vom Bund Deutscher Frauenvereine vor längeren Jahren begründete „Kartell der Auskunftsstellen für Frauenberufe", das damals bereits über 100 solcher Stellen verfügte und mit diesen eine wesentliche Stütze für die Durchführung der Organisation wurde. Ferner wurden einheitliche Meldekarten und Berichtsformale zur Weitergabe unerledigter Arbeitsgesuche für die Arbeitsnachweise vorgesehen, in denen zur Beurteilung der Eignung der Frauen nicht nur nach deren letzter Berufstätigkeit, sondern auch nach deren eventueller Vorbildung gefragt wurde und mit Rücksicht auf fürsorgerische Maßnahmen, der Familienstand, die Zahl und das Alter der Kinder genau festgestellt wurde. Es ist unerläßlich, daß auch in Zukunft die Arbeitsnachweise diese Fragen stellen und durch Arbeitsberatungs- und Fürsorgevermittlungsstellen in zweckmäßiger Verbindung mit den Einrichtungen der sogenannten „Familienfürsorge" gebracht werden, damit allen Beteiligten die Erkenntnis in Fleisch und Blut übergeht, daß ein Arbeitsnachweis keine Telephonzentrale zur Nummernvermittlung ist, sondern daß es sich um lebendige Menschen handelt, die neben ihrem Arbeitsleben auch noch ein persönliches Leben führen sollen, und daß jeder „falsche Anschluß" — im besten Falle — nur wirtschaftlichen Schaden, meistens aber noch viel weiterreichendes Unheil anrichtet, besonders bei Jugendlichen und bei Frauen mit Kindern. Notwendig ist ferner, daß die Aufnahme-, Zähl- und Berichtsformulare aller Arbeitsnachweise auch in Zukunft einheitlich sind und daß sie sich insonderheit für die Gruppierung und die Statistik an die in der Reichsstatistik übliche Berufseinteilung halten und nicht — wie es immer noch vorkommt — beliebige Bezeichnungen und Unterteilungen, die eine nachherige Vergleichung und richtige Beurteilung der Zusammenstellungen unmöglich machen. Zu einer Reform der Statistik gehört meines Erachtens auch, daß — wie es im Kriege mit Erfolg bei einer Kriegsamtstelle durchgeführt worden ist — in Zukunft die Arbeitslosen grundsätzlich von den Arbeitsuchenden gesondert aufgeführt werden.

In den genannten Anweisungen wird auch der Versuch gemacht, die Arbeitsuchenden möglichst zur Meldung nur an einer Nachweisstelle zu bewegen und den großen Mangel an brauchbaren Arbeitsnachweisbeamtinnen durch Kurse zu beheben. Diese — wie auch andere — kriegsmäßigen Notkurse konnten natürlich nur das Allerelementarste geben, und von den zuständigen Stellen ist zu verlangen, daß für die Durchführung der wichtigen sozialpolitischen Aufgaben der Arbeitsnachweise nur voll ausgebildete Sozialbeamtinnen mit mindestens einjährigem Praktikum eingestellt werden, wie es in einem späteren Rundschreiben, das sich an die „sozialen Frauenschulen" wendet, angebahnt ist. Die von Arbeiterseite propagierte Einstellung von Arbeiterinnen des jeweils in Betracht kommenden Berufszweiges ist meines Erachtens unzweckmäßig, weil bei diesen — sofern es sich nicht um vielseitig geschulte Gewerkschaftsbeamtinnen handelt — der verhältnismäßig kleine Vorteil einer einzelnen Branchekenntnis durch den fehlenden größeren Überblick über die Wirtschaftslage, die jeweiligen Erfordernisse des Arbeitsmarktes, die Vor- und Nachteile der verschiedenen Berufe, deren Arbeits- und Lohnbedingungen usw. bei weitem wett gemacht wird.

Auch während der Demobilmachung und in ihrem Gefolge auch auf dem Gebiete der Erwerbslosenunterstützung zeigt es sich immer von neuem, wie lückenhaft und dadurch kostspielig nach wie vor das Arbeitsnachweiswesen bei uns ist und es ist eine der bringendsten staatlichen Aufgaben, schleunigst und nachdrücklich die notwendigen Reformmaßnahmen durchzusetzen — auch in den ländlichen Bezirken, in denen nicht nur die Erfolge systematischer Rekrutierungsversuche weiblicher Arbeitskräfte fast Null geblieben sind, sondern die auch nach dem Kriege der Aufnahme überschüssiger Arbeitskräfte — trotz Arbeitermangels — große Schwierigkeiten bereitet haben.

Die Reformen werden sich erstrecken müssen auf die allgemeine Organisation und sodann innerhalb dieser auf die besonderen Erfordernisse für den Ausbau des weiblichen Arbeitsnachweiswesens. Zu ersterem gehört die allgemeine Verbreitung, die einheitliche und straffe Leitung, ferner Zentralauskunftstellen, die — unter Ausbau ihrer Tätigkeit und Befugnisse, insbesondere bei der Organisation und ihrer Kontrolle, der Überwachung und Regelung der Zusammenarbeit der verschiedenen Arbeitsnachweise für den — wenn nötig erzwingbaren — örtlichen, zwischenörtlichen und zwischengebietlichen Ausgleich —, als selbständige Behörden zu organisieren und von einer ihnen übergeordneten Zentralstelle zusammenzufassen sind. Sowohl in den Vorständen und Beiräten der Zentralauskunftsstellen, wie auch in die Verwaltung der Zentralbehörden sind Frauen zu berufen, damit sie auch von hier aus den im Interesse der Gesamtheit notwendigen Einfluß auf die Fragen der Frauenberufsarbeit nehmen können, die sich auch im Rahmen des Arbeitsnachweiswesens keineswegs nur auf das Problem möglichst zweckmäßige Vermittlungsmethoden ausfindig zu machen beschränkt, sondern weit darüber hinaus die Regelung des gesamten Arbeitsverhältnisses, die Arbeitsberatung und -Ausbildung, den Arbeiterinnen-, Kinder- und Jugendlichenschutz berührt, von deren Behandlung das persönliche Wohl und Wehe von Millionen von Arbeiterinnen bedingt ist. Unter diesen Gesichtspunkten von einer Zentralstelle bearbeitet, kann das gesamte Arbeitsnachweiswesen zu einem der wesentlichsten sozialpolitischen Instrumente werden.

Zu den besonderen Erfordernissen für die Ausgestaltung der

weiblichen Arbeitsnachweise, die zum Teil schon in Vorhergehendem gestreift sind, gehört deren Vermehrung unter Berücksichtigung besonders industriereicher Gegenden bei gleichzeitigem fachlichen Ausbau, sowie in großen Gemeinden die Angliederung von Lehrstellen — Jugendabteilungen und Arbeitsberatungsstellen —, die in engem lokalen und personellen Zusammenhang mit einer Fürsorgevermittlungsstelle stehen müssen. Die Etats der weiblichen Abteilungen sind besonders aufzuführen und die notwendigen Mittel — sowohl für die Besoldung gut geschulter Leiterinnen wie auch für deren Fortbildung — bereitzustellen. Bei den Verwaltungen müssen Frauen in den paritätischen Vorständen, Kuratorien und Ausschüssen beteiligt sein.

Bei der Heranziehung der „stillen" und der „Streckungsreserve" bereiteten sowohl die Arbeitnehmer wie auch die Arbeitgeber Schwierigkeiten, die ihre gewohnten Arbeiten und Arbeitsplätze nicht aufgeben wollten (Heimarbeiterinnen) bzw. ihren alten Arbeiterstamm nicht hergeben wollten (Textilindustrie) oder sich weigerten, Arbeitskräfte aus anderen Berufsgruppen und Gegenden aufzunehmen (Landwirtschaft).

Diese Widerstände sind sehr begreiflich, da die Zumutungen an die Arbeiterinnen: mit der gewohnten Arbeit sehr oft auch die Heimat zu verlassen, an die Arbeitgeber: ihre geübten, ihnen bekannten Leute vielleicht für immer zu verlieren und an die neuen Arbeitgeber: sich mit orts-, arbeits- und betriebsfremden Frauen einzuarbeiten, nicht gering waren, und es bedurfte daher fortgesetzten Druckes, um eine zweckdienliche, berufliche und örtliche Verpflanzung mit mehr oder weniger Erfolg durchzusetzen. Das Fehlen von jeder Übersicht über die quantitative Ausdehnung, die qualitative Gliederung und die geographische Verteilung der weiblichen Arbeitskräfte erschwerte die Bemühungen unendlich, aber auch in höchster Not entschloß man sich leider — trotz allen Drängens — nicht dazu, zum wenigsten den Versuch zu machen, diesen Mangel schleunigst auszugleichen, sondern erst, als die Hochflut der Demobilmachung in bedenkliche Nähe rückte, wurde in einem Rundschreiben die Notwendigkeit betont, einen „raschen und vollständigen Überblick über den Bedarf an Arbeitskräften und die bevorstehenden Entlassungen" zu erhalten, weil „bei dem riesigen Umfange, den die industrielle Frauenarbeit während des Krieges erhalten hatte, die Frage ihrer Überleitung aus der Kriegs- in die Friedenswirtschaft von schwerwiegender Bedeutung für die Volkswirtschaft und Volkskraft" sei. Diesen Überblick in letzter

Stunde zu geben, war bei dem Mangel irgendwelcher systematischer Vorarbeiten ganz unmöglich, außer für den Bereich einer einzigen Kriegsamtstelle, deren Frauenreferat seit über einem Jahre auf Grund von Abmachungen mit den Arbeitgebern die fortlaufend von diesen eingegangenen An- und Abmeldungen ihrer weiblichen Arbeitskräfte in einer Kartothek verarbeitet hatte, die im Oktober 1917 einen genauen Überblick über 120 000 Arbeiterinnen, deren Namen, Alter, Familienstand, Zahl ihrer Kinder und deren Versorgung, Berufszugehörigkeit vor dem Kriege, die bisherige Arbeitsstelle, die derzeitige Wohnung und — für ortsfremde — deren Heimatsort, gewährte. Sie wurde Mitte 1918 durch eine Zusammenstellung über alle in den größeren Städten des Bezirkes wohnenden noch nicht berufstätigen weiblichen Personen ergänzt, und beide Übersichten leisteten gegenüber dem schwankenden Bedarf des Arbeitsmarktes, wie auch bei der Demobilisation, ausgezeichnete Dienste.

Von besonderer Wichtigkeit für die Verpflanzung von Arbeiterinnen waren die nach Vereinbarung mit Arbeitnehmer- und Arbeitgeberverbänden erlassenen Bestimmungen über die Zusammenlegung von Betrieben der Textilindustrie und das sogenannte „Auskämmen" der mit Heeresnäharbeit in Arbeitsstuben und in der Heimarbeit beschäftigten Arbeiterinnen, als sowohl der steigende Mangel an Rohstoffen für die Verarbeitung von Web-, Strick- und Wirkwaren, wie auch die Notwendigkeit, möglichst viele Arbeitskräfte für die Verwendung in kriegswirtschaftlichen Betrieben freizumachen, solche Bestimmungen ermöglichte und forderte. Die Einsendung der Listen der bei den „Bezirksausschüssen für Heeresnäharbeit" beschäftigten Arbeiterinnen, die Ausstellung von Ausweiskarten und deren Nachprüfung nur für solche Personen, die für Arbeiten in Kriegswirtschaftsbetrieben in Frage kamen, die Anstellung zum Beispiel von geübten Arbeitsnachweisbeamtinnen in den betreffenden Bezirken und die persönliche Rücksprache mit jeder einzelnen, durch die Frauenarbeitsberatungs- oder Fürsorgevermittlungsstelle ermöglichten es, eine erhebliche Zahl von arbeitslosen Frauen aus der Textilindustrie und aus irrationell betriebener Heimarbeit in dringende Bedarfsgebiete — vornehmlich nach dem Westen und in das Verkehrsgewerbe — zu überführen. Der Verpflanzung sollte eine Feststellung der Fachoffiziere vorausgehen, welche Betriebe Arbeiterinnen aufnehmen könnten, zu welchem Termin, für welche Art von Arbeit, zu welchen Arbeitsbedingungen (Bemessung der Arbeitszeit, Schichteinteilung, Halbtagsschicht), ferner die Arbeitsberatung und

Vorprüfung der körperlichen Eignung der zu vermittelnden Frauen, um möglichst große Stetigkeit an deren neuem Arbeitsplatz zu gewährleisten, sowie die Aufklärung und Werbung durch die „Referate Frauen", unterstützt durch Vorträge und Lichtbilder. Späterhin wurden gelegentlich der Regelung der Erwerbslosenunterstützung entlassener Tabakarbeiter ähnliche Maßnahmen für die Tabakindustrie in Angriff genommen, mit dem Bestreben, die freiwerdenden, meist ländlichen Bezirken entstammenden Arbeiterinnen vor allem der Landwirtschaft zuzuführen unter gleichzeitiger Vorsorge für deren spätere Rückführung in die Heimat.

Mit der Verpflanzungsmöglichkeit der Arbeiterinnen stand unter anderen auch die Transport= und Wohnungsfrage in nahem Zusammenhang. Zur sachgemäßen Durchführung der ersteren wurde je länger je mehr die Begleitung weiblicher Vertrauensfrauen nötig, um den wiederholt bemerkten ernsten Unzuträglichkeiten vorzubeugen: Mangel an Wagengestellung, verfehltes Reiseziel, unvorbereiteter Gepäcktransport, fehlende Unterkunft der Arbeiterinnen am Bestimmungsort usw. usw., die geeignet waren, die Frauen sittlich, gesundheitlich und wirtschaftlich zu schädigen und dadurch die Erfolge weiterer Werbeversuche zu vereiteln.

Die Wohnungsfrage gehört mit zu den unerfreulichsten Kapiteln der Frauenarbeit während des Krieges, nicht nur für die verpflanzten, sondern zum Beispiel auch für die Verkehrsarbeiterinnen. Die Schwierigkeiten, die ihrer Regelung entgegenstanden — steigender Mangel an Bauarbeitern, an Baustoffen und Erschwerung ihres Antransportes, Beschaffung von Möbeln und Wäsche, die nicht selten von großen Wohnzentren weit entfernte Lage besonders der neuen Betriebe, der in eben diesen Zentren — besonders in industriellen Gebieten — schon vor dem Kriege vielfach bestehende Mangel an Kleinwohnungen und die geringe Anzahl von Ledigenheimen, sowie die unzulänglichen Geldmittel der Vereine, um diesem Mangel abzuhelfen, die auffallend geringe Anteilnahme der Arbeitnehmerorganisationen und die weit verbreitete Gleichgültigkeit der öffentlichen und privaten Arbeitgeber gegenüber diesen Fragen — sollen nicht verkannt werden. Am nachteiligsten aber war es, daß auch von seiten der dafür zuständigen Stellen immer weniger auf diesem Gebiete geschah, und dadurch die Arbeiterinnen in ganz besonderem Maße gesundheitlich und sittlich geschädigt, sowie in ihrer Stetigkeit und Leistungsfähigkeit beeinträchtigt wurden. Drehbänke setzt man nicht in Betrieb, ohne vorher für ihre stabile Aufstellung gesorgt zu haben; die Frauen aber sollten in ungewohnter, oft schwerer und ungesunder Arbeit unter allgemein erschwerten Lebensbedingungen etwas leisten, wenn sie zu zwei — oder abwechselnd mit der Nachtschicht — zu vier ein Bett teilten oder in Reihen übereinanderschliefen; wenn sie gar keine oder völlig unzureichende Kleiderbehältnisse, Tagesräume, Kochgelegenheiten, Wasch= und Abortanlagen zur Verfügung hatten! Sie sollten Haltung bewahren, wenn sie — sogar in Betriebsbaracken — mit Männern gemeinsam untergebracht waren; oder wenn bei Unterbringung in Tanzlokalen und Gasthäusern in diesen nach wie vor Gäste beherbergt und bewirtet wurden! Gegenüber diesen schweren Mißständen waren die von der Zentralstelle verfügten Maßnahmen ein Tropfen auf den heißen Stein, und nur in vereinzelten Fällen ist es deshalb den Frauenreferaten gelungen, im Bereich ihrer Kriegsamtstelle wesentliche Besserungen durchzusetzen, zum Beispiel den Meldezwang mit Wohnungsnachweis und systematischer Kontrolle durch Wohnungspflegerinnen, Festlegung der Mietsätze durch die Gemeinde oder Polizeiverordnungen zur Regelung des Schlafstellenwesens, die Requisition von Wohnungen durch die Generalkommandos für die Heeresbedarf herstellenden Arbeiterinnen oder die Errichtung neuer und Überlassung benutzter Wohnbaracken durch die Intendanturen.

Eine im März 1917 — in Zusammenhang mit einer von der Frauenarbeitszentrale vorgeschlagenen Zählung der Arbeiterinnen und Jugendlichen in kriegswirtschaftlichen Betrieben mit mehr als 50 Personen — beabsichtigte Aufnahme der für Arbeiterinnen verfügbaren gemeinsamen Wohngelegenheiten (Heime, Baracken, Gasthöfe, Werkswohnungen) und deren Beschaffenheit in bezug auf Geschlechtertrennung, Lüftung, Heizung, Abortanlage, über das Vorhandensein von Wohn= und Schlafstellennachweisen, Mangel an privaten Wohngelegenheiten, den vorhandenen und mutmaßlich in Bälde zu erwartenden Zuzug, sowie den Umfang und die Beschaffenheit der Transportgelegenheiten zur Arbeit (genügende Wagenzahl, Beleuchtung, Frauenzüge oder =Abteile), ist leider ebensowenig durchgeführt worden, wie ein späterer Vorschlag, auf der Unterlage einer gemeinsam mit dem deutschen Städtetag zu machenden Umfrage durchgreifende Verbesserungen in Angriff zu nehmen, obschon die arbeitshemmende Wirkung so ungünstiger Wohnverhältnisse offen zutage lag.

Die Rekrutierung der **Hausfrauen= und Haustöchterreserve** war durch deren begreifliches und berechtigtes Bestreben, so lange wie irgend möglich die Familie nicht zu verlassen, erschwert. Bei deputatsberechtigten Landfrauen spielte daneben deren durch die

Kriegsunterstützung relativ günstige wirtschaftliche Lage mit, gleichzeitig bei solchen Fabrikarbeiterfrauen, die neben der Reichsunterstützung erhebliche Werksunterstützung in bar oder in Naturalien bezogen, was dazu führte, daß bei steigendem Arbeitermangel solche Zulagen nur noch an Frauen gegeben wurden, die sich zur Arbeit auf dem Werke bereit fanden. Viele andere Kriegerfrauen hat auch die allgemein geübte — und trotz wiederholter Anregungen erst März und September 1917 durch Rundschreiben des Reichskanzlers modifizierte — Methode der Anrechnung des Arbeitsverdienstes auf die Familienunterstützung durch die Lieferungsverbände von der Arbeit zurückgehalten. Die Frauen haben begreiflicherweise die sogenannte 50%ige Freilassung des Arbeitsverdienstes von der Anrechnung auf die Familienunterstützung nicht als solche, sondern als Zurückbehaltung empfunden und darin eine Art Bestrafung der Arbeitswilligen gesehen; bei vielen hat sie direkt die Aufgabe bereits übernommener Arbeit veranlaßt, weil die nach Abzug verbleibende Einnahme in keinem Verhältnis zur Arbeitsleistung und dem Verzicht auf geordnete Haushaltführung stand.

Die sogenannte „bürgerliche Frau" endlich ließ sich — von Ausnahmen abgesehen — in weitgehender Unkenntnis der Fabrikarbeit und Fabrikarbeiterin durch ein im allgemeinen sehr ungerechtes und engherziges Vorurteil, das durch gelegentliche Beobachtungen und unkontrollierbare Verallgemeinerungen bestärkt wurde, von der Arbeit abhalten.

Eine erhebliche — wenn auch nicht unüberwindliche — Schwierigkeit für deren Einstellung bestand allerdings in dem stoßweisen Bedarf an Arbeitskräften, bei dessen Rückgang natürlich die „Bürgerlichen" sofort die Plätze räumen und bis zum erneuten Bedarf sich in „Bereitschaft" hätten halten müssen. Für die hierzu erforderliche straffe Disziplin fehlte ihnen aber die notwendige Kenntnis und Einsicht in die große Gefahr der Ebbe auf dem Arbeitsmarkt. —

Auch bei diesen Widerständen spielte die Vorstellung der Beteiligten von dem „baldigen Ende des Kriegs" eine wesentliche Rolle und erst, als einerseits diese Hoffnung mehr und mehr schwand, anderseits der zunehmende Rohstoff- und Menschenmangel zur Konzentration aller Kräfte einzig und allein auf die kriegswichtigen Produktionszweige zwang, und die zunehmende Teuerung immer weitere Kreise zum Aufsuchen möglichst gutentlohnter Arbeit veranlaßte, ließen die Widerstände bei den verschiedenen Beteiligten nach.

Bei den Bemühungen um Personen aus dem Bürgerstande hat man diese zweckmäßigerweise zuerst für geistige und sozialpflegerische Arbeit zu gewinnen versucht, in Verbindung mit der Erweiterung und Neueinrichtung auf den verschiedenen fürsorgerischen Gebieten, zur Wartung und Pflege von Kindern, in der Fabrikpflege und Heimleitung, bei der Transportbegleitung, bei der Wohnungsuche- und Kontrolle. Besondere gute Erfahrungen sind dabei mit denen gemacht worden, die etwas bestimmtes gelernt hatten, und bereits beruflich tätig waren, zum Beispiel mit den durch die Stillegung der Gewerbeseminare freigewordenen Gewerbelehrerinnen.

Besonders nachdrücklich hat man sich um die Einbeziehung der Studentinnen bemüht, bei denen aber der Erfolg der in Angriff genommenen Propaganda vornehmlich daran scheiterte, daß der gewählte Termin allgemein ungünstig war, weil schon vor Veröffentlichung der Aufrufe eine rückläufige Bewegung in der Arbeiternachfrage offensichtlich zutage lag und für die Studentinnen im besonderen ungünstig, weil sie gerade nach Beendigung der Ferien bereits ihre Studienorte aufgesucht, Wohnung gemietet und Kollegs belegt hatten. Diese Fehler bei der Werbung haben begreiflicherweise weitere Werbeversuche unter den bürgerlichen Frauen leider ungünstig beeinflußt. Ein Kardinalfehler aber ist es gewesen, daß man bis zuletzt geglaubt hat, die notwendigen Werbungen ohne Bereitstellung großer Mittel durchführen zu können, sondern hoffte, dafür „in geschickter Weise tunlichst die Betriebe heranziehen zu können, in deren Interesse die Werbung geschieht". Es war ein wesentlicher Irrtum, anzunehmen, daß die Betriebe diese fiskalisch erwünschte Auffassung teilten, um auf ihr umfassende Maßnahmen aufbauen zu können! Die Durchführung dieser — für den Oktober und November 1918 — geplanten Anwerbungsversuche in allen Schichten der weiblichen Bevölkerung hat der Abschluß des Waffenstillstandes verhindert. — Wie groß der Mangel an Arbeitskräften war, geht auch daraus hervor, daß versucht wurde, deutsche Rückwanderinnen sowie Bewohnerinnen der besetzten polnischen und belgischen Gebiete im freien Arbeitsvertrage und Insassinnen von Fürsorgeerziehungsanstalten heranzuziehen. Die Erfahrungen mit den drei ersteren sind nach Mitteilungen von Firmen ziemlich unerfreulich, und der erfolgreichen Verwendung von Fürsorgezöglingen zur Munitionsarbeit stand — soweit die Aufträge nicht in die Anstalten hineingegeben werden konnten — die Tatsache entgegen, daß der Erziehungszweck solcher Anstalten nicht mit den Betriebs- und Arbeitsverhältnissen außerhalb des Hauses in Einklang zu bringen ist.

Trotz der verschiedenen, teils unvermeidlichen Gegenwirkungen erfolgte eine riesige und ehedem kaum für möglich gehaltene Umschiebung der Frauen auf die von den eingezogenen Männern verlassenen Arbeitsplätze, so daß ganze Berufszweige — zum Beispiel die häuslichen Dienste, die Textilindustrie, gewisse Zweige der Nahrungs- und Genußmittelindustrie, sowie die handwerklichen Berufe — ihrer Arbeitskräfte mehr oder weniger beraubt wurden, zum Teil unter gleichzeitiger Abwanderung vornehmlich vom Osten nach dem Westen. Der größte Zustrom erfolgte in das Verkehrs- und Transportwesen, in die Metall-, Maschinen-, chemische und elektrische Industrie, zu den Erdarbeiten (besonders in den Elsaß-Lothringenschen Grenzbezirken) sowie zum Berg- und Hüttenwesen. Genaue Ziffern sind leider bislang über diese berufliche und territoriale Wanderung der Frauen nicht vorhanden, da auch die Berichte der Krankenkassen nicht vollständig sind, Zählungen durch das Kriegsamt nicht stattgefunden haben und die Berichte der Gewerbeaufsichtsbeamten noch nicht vorliegen. Genaue zahlenmäßige Angaben würden etwa nicht nur von allgemeinem statistischen Interesse sein, sondern sie könnten im Zusammenhang zum Beispiel mit den Krankenlisten wertvolles Material für die Beurteilung des Einflusses der verschiedenen Arbeiten auf die Frauen verschiedenen Alters, auf Ledige und Verheiratete, auf Stadt- und Landbewohnerinnen usw. ergeben, oder auch gleichzeitig mit den Lohnlisten verbunden, Anhaltspunkte für die Beurteilung der Verwendungsfähigkeit der Frauen geben, alles Unterlagen, die das Interesse an dem Gedanken der „Verteilung der Arbeit unter die Geschlechter nach Kraft und Eignung" wieder beleben würde.

Gleichzeitig mit der geschilderten beruflichen und territorialen Wanderung der arbeitenden Frauen vollzog sich eine wesentliche Veränderung der Art und der Dauer der Arbeit.

Auf Grund der Notverordnung vom 4. August 1914 war die Möglichkeit gegeben, die Frauen — abweichend von den bisher gültigen gewerberechtlichen Bestimmungen — mit weit schwereren Arbeiten als ehedem zu beschäftigen und sie auch zu ausgedehnten Überarbeiten und zur Nachtarbeit heranzuziehen. Diese in der nachfolgenden Verordnung des Reichskanzlers nur speziell zugestandene Möglichkeit nahm, je länger, je mehr, gegen dessen Willen den Charakter einer generellen Erlaubnis für „Kriegsbauer" an, so daß nicht selten ohne Terminbegrenzung und ohne nähere Bezeichnung der Arbeit die Frauen in einer Weise beschäftigt wurden, die auch unter weitgehender Berücksichtigung der kriegswirtschaftlichen Notwendigkeit doch zu ernsten Bedenken Anlaß gab, daß der Reichskanzler selbst wiederholt mahnend und eindämmend das Wort ergriff (11. Dezember 1916, 11. August 1917, 9. Januar 1918). Die von ihm betonten **hygienischen und sittlichen Gefahren** bedrohten die Frauen nicht nur dadurch, daß diese gezwungen waren, schwere Stücke zu heben (zum Beispiel 15 cm-Granaten, Passagier- und Frachtgut), zu stoßen oder zu ziehen (gefüllte Förderkörbe auf der Hängebank), ihre für die Tätigkeit zu kurzen Gliedmaßen zu verrenken und zu zerren (zum Einsetzen der Leitungsstange bei der Straßenbahn, Aufstecken der Schlußlaternen an den Güterzügen), an Arbeitsplätzen mit übergroßer Hitze- und Staubentwicklung zu arbeiten (an der Ziehpresse, in Glashütten, an Walzenstraßen, bei der Erzbrikettierung, vor den Heizkesseln), daß sie bei Strecken- und Straßenarbeiten, vor den Koksofenanlagen, auf den Werften, Bauten usw. jeder Unbill der Witterung, beim Fahrdienst oder beim Preßluftnieten ständiger Erschütterung ausgesetzt waren, sondern daß auch die **durchschnittliche Arbeitszeit zu lang war**, ganz abgesehen von den Anstrengungen der Nachtarbeit, an der auch jugendliche Mädchen teilnahmen und den nicht selten von Frauen verlangten Doppel- und Dreischichten. Ganz besonders bedenklich war es, daß gerade diejenigen Frauen, die schon durch häusliche Verpflichtungen belastet waren, sich aus Erwerbsrücksichten zu den schwersten und langdauerndsten Arbeiten meldeten und in ihrem Bestreben, durch die in der Fabrik geleistete Nachtarbeit den „Tag für Haus und Kinder frei" zu haben, von manchen Arbeitgebern kurzsichtig unterstützt wurden. Die Anstrengungen durch die schon an sich ungewohnten Arbeiten wurden noch durch zahlreiche, zum Teil bereits gestreifte **Begleitumstände bedeutend gesteigert, die bei der Beurteilung der Leistungen, der Eignung und Stetigkeit der Frauen zu berücksichtigen sind.** Die Größe, das Gewicht ihres Körpers, die Länge der Arme entsprachen sehr häufig nicht den Maßen und Gewichten der zu bedienenden Maschinen und Apparate (Fußpressen), der zur Verfügung stehenden Geräte und Werkzeuge (zu schwere Schaufeln, Hacken, Hämmer usw.) oder dem zum Beispiel auf Hebel, Bremsen usw. auszuübenden Gegendruck (bei der Straßenbahn), wenn auch viele Arbeitgeber bemüht waren, diese Mißverhältnisse nach Möglichkeit auszugleichen.

Aber auch bei den Frauen, die keine sichtbar schwere Arbeit leisteten, machten sich Schädigungen geltend durch die Art der übernommenen Arbeit in Verbindung mit der Arbeitsdauer und dem Arbeitstempo. Die Arbeit an zwangsläufigen, häufig schnell gehenden Maschinen, die ununterbrochen zu ihrer Bedienung denselben Handgriff oft bei angestrengtester Aufmerksamkeit erfordern, scheint beachtenswerte physopsychische Wirkungen zu haben. Anders lassen sich wohl die in zahllosen Gesprächen immer wieder gemachten Angaben über verschiedene funktionelle Störungen, über schlechtes Allgemeinbefinden, das von Woche zu Woche abnehmende Lebensgefühl und der so oft leidenschaftlich geäußerte Wunsch nach „Veränderung um jeden Preis" gerade aus den Reihen dieser Arbeiterinnen kaum erklären. Es ist schon früher von anderer Seite die Vermutung ausgesprochen worden, ob hier nicht vielleicht auch ursächliche Zusammenhänge zwischen der Arbeitsart und den generativen Leistungen der Frau bestehen. Leider fehlen für diese bevölkerungspolitisch so wichtigen Zusammenhänge bislang fast alle exakten Untersuchungen sowohl für die Zeit vor, wie während des Krieges, sodaß man nur auf Kombinationsschlüsse angewiesen ist. Nach den bisherigen Erfahrungen scheint es nämlich, als ob gerade in denjenigen Bezirken, in denen eine starke Zunahme der eheweiblichen Erwerbsarbeit in stark mechanisierten und automatisierten Berufszweigen erfolgt ist, gleichzeitig eine besonders starke Abnahme der Geburtenziffer zu bemerken ist; eine Beobachtung, die auch nach den Erfahrungen im Kriege sehr beachtenswert erscheint. Im Zusammenhange mit der Geburtenziffer werden sich allerdings für die Kriegszeit ganz besonders schwer Schlüsse über diese eventuellen Zusammenhänge ziehen lassen, da diese auch ohnedies durch andere Ursachen wesentlich beeinflußt worden ist, aber vielleicht lassen sich doch noch nachträglich an der Hand von Krankengeschichten einige Feststellungen machen, da schon die bloße Möglichkeit eines solchen Zusammenhanges es meines Erachtens unbedingt nötig macht, unverzüglich Vorbereitungen dafür zu treffen, daß — entsprechend einem Antrage von Frauenseite — in Zukunft umfassende und eingehende Untersuchungen auf diesen Gebieten gemacht werden unter Berücksichtigung nicht nur von Dauer und Art der Arbeit, sondern auch von Alter, Herkunft, Familienstand, Dauer der Berufszugehörigkeit usw. der arbeitenden Frauen. Auf solchen Unterlagen könnte man — im Gegensatz zu dem heutigen im allgemeinen nur generellen — den notwendigen speziellen Arbeiterinnenschutz treiben, auch wieder mit dem im Interesse des Volksganzen liegenden Ziele „Verteilung der Arbeit unter die Geschlechter nach

Kraft und Eignung". Übrigens wären solche gewerbehygienischen Untersuchungen auch für die Männer zu wünschen, denn der auffallend frühe Verbrauch insonderheit der Kräfte der Schwerarbeiter und die wesentlich kürzere Lebensdauer der Männer im allgemeinen könnten doch mit davon herrühren, daß man ihre Stärke überschätzt und auch mit ihren Kräften Raubbau treibt.

Die mit den meist ungewohnten Arbeiten selbst verbundenen Schwierigkeiten wurden für die Frauen noch durch verschiedene weitere Begleitumstände vermehrt, die für die Männer im Frieden überhaupt nicht, im Kriege nur zum Teil vorhanden waren. Sehr hinderlich, gesundheits- und verschiedentlich lebensgefährlich war die **weibliche Kleidung**[1], und es bleibt bedauerlich, daß in dieser Frage nicht ein obrigkeitliches Machtwort gesprochen worden ist, das den Widerstand der Arbeitgeber und Arbeitnehmer sowie der Reichsbekleidungsstelle gebrochen und gleichermaßen im Interesse der Gesundheit und Sittlichkeit der Arbeiterinnen wie der Materialersparnis gelegen hätte; denn nichts ist so verschwenderisch wie die Benutzung einer für die Arbeit völlig ungeeigneten Kleidung. Bis zum Kriegsende aber hat man Erd-, Bergwerks-, Hütten- und Salinenarbeiterinnen in Schmutz und Nässe mit Röcken und in gewöhnlichen Niederschuhen herumstapfen gesehen, Straßenbahnschaffnerinnen mußten — selbst in den größten Städten, zum Beispiel Berlin und Düsseldorf — mit Aufbietung aller Körperkräfte ihre Kleider durch die dichtgedrängten Gänge mitreißen oder sie waren — wie zum Beispiel auf der Barmer Bergbahn — der Gefahr ausgesetzt, bei dem Einkassieren im Fahren vom Trittbrett aus (mit nach außen schlagenden Türen!) an den Anpflanzungen der abfallenden Böschung hängen zu bleiben oder trugen (in Thorn) Filzpantoffeln in Ermanglung von Stiefeln! Mit Röcken hockten Formerinnen auf der Erde, hantierten Metallarbeiterinnen und Kesselheizerinnen am offenen Feuer, kämpften Postbotinnen gegen Wind und Wetter, während zum Beispiel die Eisenbahnverwaltung frühzeitig und allgemein die allen Anforderungen entsprechende Kleidung (lange Joppe, Beinkleid, Wickelgamaschen, halblanger Mantel) für das Fahrpersonal einführte.

Unter der allgemeinen **Unterernährung** hatten wohl die Arbeiterinnen — abgesehen von den Verheirateten, die immer geneigt

---

[1] Vgl. den „Bericht der Hütten- und Walzwerk-Berufsgenossenschaft über die technische Aufsicht im Jahre 1916".

waren, den Kindern mehr abzugeben als sie eigentlich entbehren konnten —, nicht mehr zu leiden als die Männer. Ledige Schwerarbeiterinnen betonten vielmehr wiederholt, daß sie bei der Zuweisung der eigentlich auf den Verbrauch der Männer berechneten Zulagen verhältnismäßig günstig fortkämen.

Anderseits wird auch wieder von Arbeitgebern aus der Metallindustrie mitgeteilt, daß — nachdem schon in den ersten zwei Kriegsjahren mit kräftigen Frauen bei verschiedenen Operationen sogar quantitativ bessere Leistungen als bei Männern erzielt werden konnten — die ungenügende Ernährung in den letzten Jahren die Leistungsfähigkeit so herabgesetzt hat, daß auch die ehedem eingeführten Leistungsprämien nicht mehr zur Geltung kamen.

Mit welchen Schwierigkeiten aber hatten die Arbeiterinnen (besonders die der Nachtschicht) bei der Beschaffung aller bezugsscheinpflichtigen Gegenstände und vor allem bei der Lebensmittelbesorgung zu kämpfen, bei der Einlösung der Rationskarten, deren Ausgabezeiten von den Gemeinden immer wieder ohne jede Rücksicht auf die Arbeitszeiten festgesetzt wurden, welche Unsumme an Kraft und Zeit kostete die Hin- und Rückfahrt zur Arbeitsstätte in den maßlos überfüllten — im Winter ungeheizten und unbeleuchteten — Bahnen, die häufig weit vom Ziele entfernt endigten[1]. Wie unzulänglich blieben zahllose Arbeitsräume jahraus, jahrein sowie die zu ihnen gehörigen Nebenanlagen (Eßräume, Garderoben, Waschräume und Aborte), deren Zustand nicht selten auch nicht entfernt den Anforderungen der RGO. entsprach. So wenig, wie es einem Zweifel unterliegen kann, daß viele gesundheitliche Schädigungen und sittliche Mißstände, die sich zeigten, nicht auf die Art oder die Dauer der Arbeit zurückzuführen sind, sondern auf diese zahlreichen nachteiligen, allgemeinen Begleiterscheinungen, kann ein Leistungs- und Bewährungsurteil über die arbeitenden Frauen gefällt werden, ohne diese äußeren Erschwerungen zu berücksichtigen, — von der Sorge, die viele um Mann oder Kinder erfüllte, zu schweigen.

Der kriegswirtschaftlichen Produktion entsprechend, die im besonderen der Eisen-, Metall-, Maschinen- und chemischen Industrie — zu welch letzterer die Pulverfabrikation gehört — oblag, und

---

[1] Als Beispiel sei nur auf die Verhältnisse für Spandau, Troisdorf, Siegburg, Kokoschken bei Danzig, Karlowitz bei Breslau, Cruppamühle O./S. hingewiesen.

analog der im Frieden beobachteten Entwicklung, war erstmals in diesen Industrien Raum für große Massen **ungelernter Arbeitskräfte**. Mit der ständig erneuten Aushebung und dem gleichzeitig immer ungeheurer werdenden Verbrauch an Material aller Art stieg der Bedarf nach sogenannten **geübten**, nach **angelernten und gelernten Leuten**. Wollte man diese nicht durch das zwecklose Vorgehen beschaffen, daß man die Männer immer wieder aus der einen Stelle herausnahm, um sie an die andere zu bringen, so konnte die Rekrutierung auch dieser Personen nur **aus den Reihen der Frauen** erfolgen, worauf das Kriegsamt bald nach seiner Begründung bereits in einem Rundschreiben vom Dezember 1916 hinwies. Auch die genialste Arbeitszerlegung hat ihre Grenzen, abgesehen davon, daß sie meistens der Herrichtung von Spezialmaschinen bedarf, die nicht so schnell zu beschaffen waren. Von wenigen Firmen abgesehen, die — wie zum Beispiel Bosch in Stuttgart, Löwe, Max Levy und Siemens in Berlin — verhältnismäßig bald an die planmäßige Anlernung von Frauen herangingen, verhielt sich die Industrie einschließlich der Staatsbetriebe in den ersten 2½ Kriegsjahren der **systematischen** Unterweisung der Frauen gegenüber fast völlig ablehnend mit dem alten Argument: „**es lohnt sich doch nicht für die kurze Zeit**". Und wie es gelohnt hätte, hätte man nur früher zugefaßt, das haben die späteren Erfolge bewiesen!

Der Krieg gab den Frauen — im Gegensatz zum Frieden — zum ersten Male Gelegenheit, — von allen Hemmnissen für die gewerbliche Betätigung befreit, — zeigen zu können, was sie zu leisten im Stande waren und ob es sich verlohnte, sie etwas zu lehren. Wenn auch die Produktionsverhältnisse in bezug auf das „Was" und „Wie" hergestellt wurde gegenüber den Friedenszeiten vielfach sehr stark verändert waren, und jedem im Kriege gewonnenen Material naturgemäß verschiedene Fehlerquellen anhaften, so daß sich nicht ohne weiteres Vergleiche anstellen lassen, so kann doch die Richtigkeit früherer Urteile und oft wiederholter Frauenforderungen an den im Kriege gewonnenen Maßstäben nachgeprüft werden. Und da läßt sich — um es vorweg zu nehmen — feststellen, daß die Frauen bewiesen haben, die erforderlichen geistigen und technischen Voraussetzungen zu erfüllen, um — nach erfolgter Anlernung oder Ausbildung — mit wirtschaftlichem Nutzen für die Produktion auch in solchen Berufszweigen und für solche Produkte verwendet zu werden, die ehedem als ausschließlich männliche Arbeitsgebiete galten. Mit dieser Feststellung soll keineswegs gesagt sein, daß es wünschenswert und letzten Endes volkswirtschaftlich rentabel ist, die Kräfte der Frau vornehmlich und unbeschränkt in den Dienst der Warenproduktion zu stellen. Es tauchen die Fragen des Arbeiterinnen- und Mutterschutzes, der Verdrängung der Männer durch die Frauen, des Lohndruckes usw. auf.

Diejenigen Industrien, für die während des Krieges die Anlernung und Ausbildung der Frau zum Ersatz herausgezogener allgemeiner- und Facharbeiter vornehmlich in die Wege zu leiten war, waren die Eisen-, Maschinen-, Metall- und chemische Industrie, das Berg- und Hüttenwesen und in mancher Hinsicht auch die Textil- sowie die Holzindustrie. Und sofort tauchten verschiedene Fragen auf:

Wo soll die Anlernung stattfinden: in den eigenen Werkstätten innerhalb des Betriebes oder in besonderen Lehr- und Übungswerkstätten?

Wer soll die Anlernung erteilen: Ingenieure, Meister, Vorarbeiter oder besonders angestellte Lehrkräfte?

Wer soll unterwiesen werden: Möglichst junge Leute; in den Arbeitszweigen völlig fremde oder bereits im Frieden vorgeübte?

Wann soll unterrichtet werden: Vor, nach oder während der Arbeitszeit?

Wie wird die Lehrzeit vergütet: gar nicht, in Zeit oder in fingiertem Akkordlohn?

Wie lange soll die Lehrzeit dauern?

Was soll durch den Unterricht vermittelt werden und in welcher Form: Die praktische Handhabung der Maschinen und Herstellung einer eng begrenzten Anzahl einzelner Stücke oder auch theoretische Kenntnisse (Waren — Material — Maschinen — Werkzeugkunde), Zeichnunglesen und Zeichnen; nur durch Vortrag oder mit Hilfe von Anschauungsmaterial (Tafeln, Modelle), Merkblättern, Wiederholungs- und Fragestunden?

Diese Fragen ließen sich weder für die in Betracht kommenden Industrien gemeinsam noch für den ganzen Bereich jeder einzelnen Industrie einheitlich beantworten. Trotzdem kann gesagt werden, daß im allgemeinen bei der Anlernung zur Herstellung von Massenartikeln in der Praxis der Werkstattlehre innerhalb des eigenen Betriebes direkt am Arbeitsplatze der Vorzug gegeben worden ist, und man erst bei dem immer größer werdenden Mangel an gelernten Facharbeitern für Serien- und Einzelherstellung zur Ausbildung in besonderen Lehr- und Übungswerkstätten überging (zum Beispiel bei der Dreherei, Schlosserei, Werkzeugmacherei, beim Flugzeugmotorenbau, für Apparate- und Instrumenteherstellung), die alle Maschinen und Werkzeuge für Dreherei, Schlosserei, Mechanikarbeiten usw. enthielten. Die Anlernung wurde in ersterem Falle überwiegend Meistern und geübten Vorarbeitern — späterhin auch Vorarbeiterinnen — übertragen, während bei der Ausbildung in Lehr- und Übungswerkstätten erfahrene Ingenieure beteiligt waren, die auch das Ganze überwachten. Bei der Auswahl der für die Ausbildung bestimmten Frauen und Mädchen wurden mit den Frauen über 20 Jahre und unter diesen gerade sehr oft mit branche-, ja sogar fabrikfremden (Landarbeiterinnen, Hausangestellte, Hausfrauen, Haustöchter) die besten Erfahrungen gemacht, besonders wenn diese schon einige Zeit in dem Werk tätig waren, das sie nun für seinen eigenen Betrieb weiterausbilden wollte.

Die Unterrichtszeit wurde je länger je mehr in die eigentliche Arbeitszeit (also auch unter Nichtbenutzung der Pausen) sowohl gegen Zeit- wie gegen Akkordlohn, mehrfach auch unter Gewährung von Zulagen bei besonderer Anstelligkeit gelegt. Die Dauer der Unterweisungen schwankte, je nachdem es sich um die Anlernung zur Massenherstellung nur mit Maschinenarbeit oder zur Massenherstellung mit Handarbeit oder zur Reihen- und Einzelanfertigung handelte, zwischen 3 Wochen und 6—9 Monaten. Bei den meisten Lehrgängen ist die Unterweisung in der praktischen Handhabung der Maschinen, (einschließlich Einstellen, Einspannen und Behebung einfacher Störungen) mit theoretischen Unterweisungen in seminaristischer Vortragsweise, durch verschiedenes Anschauungsmaterial unterstützt worden und mit der Erteilung von Zeichenunterricht und Zeichnungslesen Hand in Hand gegangen. Je intensiver die Ausbildung war, je mehr Wert wurde darauf gelegt, die Verrichtung rein mechanischer Arbeit ohne Zuhilfenahme von Handarbeit möglichst zu vermeiden und versucht, den auszubildenden Frauen die richtige Beurteilung der auszuführenden Arbeit und der dazu notwendigen Beschaffenheit und Verwendungsmöglichkeit der Maschinen, Werkzeuge und Vorrichtungen und deren Benutzung zu rationeller und vorteilhafter Herstellung bei verschiedenen Arbeiten zu vermitteln, da sie hierdurch systematisch zum Nachdenken und Überlegen angeleitet wurden[1].

Für die Beurteilung sowohl der verfolgten Anlernungsmethoden wie ihres Erfolges ist es von Wichtigkeit, zu beachten, daß gleich-

---

[1] Vgl. die vom Verein Deutscher Ingenieure mit Unterstützung des Kriegsamtes herausgegebenen Mitteilungen: „Erfahrungsaustausch über Ausbildung von Arbeitskräften und zeitgemäßer Betriebsführung" vom 14. April 1917 und die Veröffentlichungen des „Verbandes für handwerkmäßige und fachgewerbliche Ausbildung der Frau". Berlin W., Eichhornstraße 1, I.

zeitig mechanische, technische und persönliche Schwierigkeiten für Arbeitgeber und Arbeitnehmer zu überwinden waren. Die Arbeitsräume waren häufig mit Menschen, Maschinen und den — mit Rücksicht auf die geringeren Körperkräfte der Frau — notwendigen Hilfsvorrichtungen (Hebe- und Einschubvorrichtungen, Paternosterwerken, Rollbahnen, Förderwagen, Bohr- und Versenkmaschinen, erhöhten Rosten, Tret- und Kippbühnen, Zangenhaltern usw.) viel zu dicht belegt, was auch die Anbringung von Schutzvorrichtungen, Staubsaugeapparaten usw. erschwerte. Ferner wurden je länger je mehr die zu verarbeitenden Materialien sowie die zu benutzenden Werkzeuge und Schmiermittel immer schlechter, auch mußte oft mit alten, der Kriegsproduktion mehr oder weniger leicht anzupassenden Maschinen gearbeitet werden (zum Beispiel Benutzung einer Rundhobelvorrichtung zum Granatendrehen, einer Planscheibendrehbank zur Granatenbearbeitung), die Konstruktion, Anbringung und Verwendung von Hilfsvorrichtungen (zum Beispiel Einstellehren, Einspannvorrichtungen, Anschlägen, Endmassen, Kopiervorrichtungen) die Unterteilung des Arbeitsvorganges in Teiloperationen, die dazu wieder notwendige Herstellung von Spezialvorrichtungen, mußten erst erprobt werden. Außerdem wurde die Zahl der zur Aufsicht und Anlernung notwendigen Personen immer kleiner, unter denen wieder nur ein Teil die besonderen pädagogischen Fähigkeiten, die zur Unterweisung der Frauen notwendig waren: ruhige Energie, Geduld und Freundlichkeit, in genügendem Maße besaß. Erschwerend wirkte schließlich noch die gegen den Frieden völlig veränderte Zusammensetzung der Gesamtbelegschaft, in der die Anzahl der nicht voll leistungsfähigen Männer, der Jugendlichen und der Gefangenen — bei denen auch noch Sprachschwierigkeiten hinzukamen — ständig wuchs, und in der die Frauen jeden Alters aus allen Teilen Deutschlands und aus allen Berufsständen zusammengewürfelt waren.

Den ersten Versuch mit der systematischen Anlernung von Arbeiterinnen in besonderen Kursen veranlaßte der „Verband für handwerksmäßige und fachgewerbliche Ausbildung der Frau", Berlin, im Dezember 1915, nachdem ihm Anfang November durch die Leiterin der weiblichen Abteilung des Zentralarbeitsnachweises mitgeteilt war, daß von den Metallindustriellen Arbeiterinnen gesucht würden, die als Vorarbeiterinnen zu verwenden seien, ihre Werkzeuge schleifen, Gewinde mit Stahl schneiden, die Arbeitsstücke selbst einlehren und einspannen und mit der Schublehre Präzisionsmessungen vornehmen könnten. Der Verband wandte sich an die Deputation für die städtischen

Fach- und Fortbildungsschulen und erhielt den notwendigen Raum usw. für einen Kursus für 15 Arbeiterinnen für 10 Wochen, in dem bei 15 Wochenstunden nach folgendem Stoffverteilungsplan unterrichtet wurde:

Technologischer Unterricht

Besprechung der Einzelteile der Drehbänke.
Das Messen mit der Schublehre, der Mikrometerschraube und dem Kaliber.
Herstellung und Bearbeitung der Drehstähle.
Berechnung der Räder zum Gewindeschneiden.
Berechnen von Konen zwecks Herstellens auf der Drehbank.

Dreherei.

Herstellen von glatten Bolzen mit scharf abgesetztem Kopf.
Bearbeiten von Eisen, Schneiden von verschiedenen Gewinden.
Herstellen von Konen usw. Herrichten von Stählen.

Schmiede.

Feuerarbeiten, Schweißen, Bearbeiten des Stahles.

Schlosserei.

Einfache Feil- und Nietarbeiten.

Da diese ungelernten Metallarbeiterinnen sogleich nach Beendigung der Unterweisung als Vorarbeiterinnen eingestellt wurden und auch mehrere Firmen ähnliche Kurse begannen, richtete der Verband im März 1916 unter dem Hinweis auf die Wichtigkeit, die besonders das Vorhandensein von Einrichterinnen für den Fortgang der Produktion habe, an den Kriegsminister eine Eingabe für die Gewährung von 20000 Mk. zur Einrichtung von 10 Doppel-Fortbildungskursen für ungelernte Metallarbeiterinnen in den Städten Hagen, Essen, Schwelm, Frankfurt a. M., Berlin, Guben, Stettin. In der im August eingegangenen Antwort wird hervorgehoben, daß die Ausbildungszeit von drei Monaten nach den mit den Arbeiterinnen gemachten Erfahrungen zu kurz sei, daß man auf die Ausbildung von Einrichterinnen für die technischen Institute weniger Wert lege, die Tätigkeit der Frauen in den Fabrikbetrieben nur soweit ausdehnen wolle, als es die Kriegsverhältnisse unbedingt notwendig machen, und daß man es für zweckmäßiger halte, die Arbeiterinnen wenn erforderlich in den technischen Instituten selbst auszubiden. Trotz dieser — die Lage einseitig vom Standpunkte der technischen Institute und ohne genügende Berücksichtigung der mehr als wahrscheinlichen Ersatzschwierigkeiten in der gesamten

Industrie beurteilende — Stellungnahme, erklärte sich das Kriegs=
ministerium bereit, zu versuchen, die Industriekreise zur Aufbringung
der notwendigen Mittel zu gewinnen. Bis Ende November hatten
— durch ein Rundschreiben vom Oktober veranlaßt — 18 Firmen
ihr Interesse an der vorgeschlagenen Ausbildung erklärt und ca.
15 000 Mk. zur Verfügung gestellt, die von dem inzwischen ge=
gründeten Wumba (Feldzeugmeisterei) dem Verbande überwiesen
wurden. Nach den Erfahrungen mit dem ersten Lehrgang von
Januar bis März 1916 wurde in Aussicht genommen, den Unterricht
innerhalb der Arbeitszeit gegen Vergütung der Lernenden stattfinden
zu lassen, sowie den Lehrstoff den augenblicklichen Bedürfnissen
noch besser anzupassen; zum Teil auf Anregungen hin, die die an
der Aufbringung der Mittel sich beteiligenden Firmen gaben. Die
Bemühungen des Verbandes um die planmäßige Heranbildung von
Ersatzarbeitskräften wurden außer vom Wumba von dem Kriegs=
Ersatz= und =Arbeitsamt, der Frauenarbeitszentrale, dem technischen
Stabe beim Kriegsamt und dem Verein deutscher Ingenieure unter=
stützt. Das war um so erforderlicher, als die Sache nach der Auf=
stellung des „Hindenburgprogramms" immer bringlicher wurde, und
weder eine weitere Zuführung von Facharbeitern aus dem Felde
mehr zuließ, noch deren Ergänzung aus immobilen Formationen für
die Bedürfnisse der Kriegsindustrie auch nur entfernt genügen konnte,
also im weitesten Umfang auch Frauen angelernt und beschleunigt
zu Facharbeitern und Fachlehrlingen ausgebildet werden mußten, sei
es in der eigenen Werkstatt der Betriebe, sei es in besonderen
Lehrwerkstätten. Demgemäß wurden die Generalkommandos und
die Kriegsamtstellen angewiesen, dauernd zu prüfen, in welchem
Umfange das Anlernen und Ausbilden neuer Facharbeiter geschieht,
besonders für die große Zahl der in verhältnismäßig kurzer Zeit zu
erlernenden Spezialarbeiten, für die auf sachgemäßer Arbeitsteilung
und auf zeitgemäßen Fabrikationsmethoden beruhende Serien= und
Massenherstellung, vor allem in der Eisen=, Stahl= und Metall=
industrie. Erfahrene Betriebsfachmänner sollten Richtlinien für den
planmäßigen Ausbildungslehrgang der einzelnen wesentlichen Arbeiter=
gattungen aufstellen, und die Erfahrungen und Lehrmethoden sollten
zwischen den Betrieben ausgetauscht werden.

Ersteres ist meines Wissens für die Metallindustrie nur von dem
Verbande f. H. u. f. A. d. F. durchgeführt worden, letzteres vor allem
durch den gedruckten „Erfahrungsaustausch", während ein systematischer
Austausch unter den Firmen selber, oft auch unter den einzelnen

Abteilungen großer Betriebe bis zuletzt sehr viel zu wünschen übrig gelassen hat, obgleich man sich zu diesem Zwecke wiederholt an die Industrie mit der Bitte um weitgehende Unterstützung gewendet hat. Häufig waren es auch nicht die Direktoren, sondern die Betriebsleiter, Ingenieure, Werkmeister und Vorarbeiter, die der Tatsache, daß in jedem Betriebe mit der längeren Dauer des Krieges die weiblichen Arbeitskräfte von immer ansschlaggebenderer Bedeutung sein werden, wenn man nicht mit den Bedürfnissen des Heeresersatzes in ernste Kollision geraten sollte, kein genügendes Verständnis entgegenbrachten. Da nicht — wie in England — behördlicherseits ein Zwang für die Einstellung eines bestimmten Prozentsatzes von Frauen für die einzelnen Fabrikationszweige eingeführt war, mußte man noch im Mai 1918 durch Rundschreiben darauf hinweisen, daß der zwar begreifliche aber nicht mehr haltbare Widerstand der Betriebe und der betriebsleitenden Persönlichkeiten zum Beispiel auf dem Gebiete der Granatenherstellung gebrochen werden müsse, da viele Firmen absichtlich oder unabsichtlich den richtigen Weg zum Beispiel zur Behebung der Transportschwierigkeiten bei 15 und 21 cm Granaten nicht zu finden wissen. In manchen Fällen aber hat auch die unbedingt notwendige ganz enge Zusammenarbeit zwischen den Fachoffizieren und den Frauenreferaten gefehlt, die die unerläßliche Voraussetzung für die systematische und einheitliche Inangriffnahme der ebenso großen wie schwierigen Aufgabe war. Die Referentinnen hatten verschiedentlich keinen genügenden Einblick in die technische Seite der Angelegenheit, und die Fachoffiziere übersahen nicht selten die elementare Tatsache, daß Frauen keine Männer sind und unterschätzten dadurch die vielen besonderen Schwierigkeiten, die hieraus für die Beschäftigung von Frauen entsprangen. Hierfür braucht nur an das Problem der „Stetigkeit" erinnert zu werden, zu dessen Lösung die Auszahlung von Monatsprämien so gut, wie die Einrichtung von Krippen und Kindergärten, die Beschaffung von Lebensmitteln, Bezugsscheinen und Arbeiterkleidung, wie die Einstellung von Fabrikpflegerinnen beitragen mußte. —

Befördert wurde die im Interesse quantitativer und qualitativer Höchstleistungen sehr schädliche Unstetigkeit der Frauen zweifellos durch den bei vielen vorhandenen gänzlichen Mangel an Berufserziehung und durch die ständigen Versicherungen der Firmen, daß man die Frauen bei Kriegsende sofort entlassen werde, wofür einige Firmen sich bei Arbeitsantritt sogar die schriftliche Zustimmung geben ließen. — Hierdurch wurde das Interesse der Frauen im wesentlichen auf den momentanen Verdienst gelenkt, und nicht selten hat daher auch gerade die Ausbildung der Frauen dazu beigetragen, daß sie nach erfolgter Ausbildung gegen höheren Lohn in einen anderen Betrieb gingen, was die Abneigung mancher Betriebe gegen die Anlernung der Frauen überhaupt noch mehr steigerte und die Forderung nach „Abkehrscheinen" auch für Frauen hervorrief. — Mit der erwähnten Hilfe der Industrie und des Vereins deutscher Ingenieure stellte der Verband einen Ingenieur zur Bearbeitung eines allgemeinen Lehrplanes ein, der 1917 erschien, und dem späterhin Fortsetzungen über „Gewindeschneiden" und „Schleifarbeit" folgten, sowie eine Ausstellung über das gesamte Lehrmaterial und die damit bei den Frauen erzielten Erfolge, die im allgemeinen so gut waren, daß auf Wunsch und mit Unterstützung des Kriegsamtes neben der Fortführung und dem Ausbau der Arbeiten für die Metallindustrie auch Anlernungsmethoden für die Holzbearbeitungs- und Lederindustrie in Angriff genommen werden sollten. —

Welche Bedeutung die Frage der Anlernung und Ausbildung und der zweckmäßigen Ergänzung der körperlichen Kräfte der Frauen zukam, geht schon aus eingehenden Äußerungen von Firmen vom Frühjahr und Herbst 1916 hervor, und sie zeigen gleichzeitig mit Mitteilungen aus den Jahren 1917—18 verglichen, wie wesentlich das Urteil über die Verwendungsfähigkeit und die Leistungen der Frauen sowie ihre Zuverlässigkeit auch bei schwierigen Arbeiten sich geändert hatte, und wie zahlreich — die richtige Unterteilung der Arbeitsvorgänge und Verteilung der Belegschaft vorausgesetzt — sie die gelernten Facharbeiter ersetzt haben. Eine Firma, die von 1000 Arbeitskräften 25 % Frauen im allgemeinen und 75 % bei der Munitionsherstellung verwendete, berichtet 1916:

„Zunächst wurden die Frauen für Arbeiten ins Auge gefaßt, die von ungelernten Arbeitskräften verrichtet werden konnten und wozu ein Anlernen oder eine besondere geistige oder körperliche Eigenschaft nicht nötig ist. Es kamen also leichte Hilfsarbeiterdienste in Frage, wie zum Beispiel das Transportieren kleinerer Teile vom Magazin in die Werkstätten, Botendienste usw.

Die einsetzenden Kriegslieferungen, Granaten, Minen, Zünder, erforderten es, die weiblichen Arbeitskräfte durch Anlernen auch für andere Arbeiten nutzbar zu machen. So führte die Gießerei die schon zu Friedenszeiten wiederholt ins Auge gefaßte Verwendung von Frauen als Kernmacherinnen ein, denen weibliche Maschinen- und Handformer folgten.

Im Maschinenbau finden Frauen an Bohrmaschinen, Automaten, Revolver- und Drehbänken für Zünder und Granaten weitgehendste Verwendung. Zum Laborieren von Zündern, Füllen von Granaten und Wurfminen werden heute überhaupt nur noch Frauen verwendet.

Auch als Kranfahrerinnen haben sich Frauen gut bewährt.

Der Wagenbau verwendet Frauen, außer in den Bearbeitungswerkstätten zum Beispiel auch für Anstreicher- und Lackiererarbeiten.

Ferner ist bereits damit begonnen, Frauen durch besondere Anlernung auch für Arbeiten am Schraubstock verwendbar zu machen, und in der Modelltischlerei Frauen an Holz- und Eisenbearbeitungsmaschinen zu verwenden.

Der weibliche Hilfsarbeiter verrichtet heute nicht nur leichte Arbeiten, sondern auch solche schwerer Art.

In allen Fällen hat sich die Frau in bezug auf körperliche Dauerleistung dem Manne naturgemäß nicht ebenbürtig gezeigt, während in der Arbeit selbst ein besonderer Unterschied nicht zu verzeichnen ist, außer in der Nachtschicht.

Abgesehen von der Zünderei, welche als direkter Frauenbetrieb anzusprechen ist, wurden in der Kernmacherei höhere Leistungen von Frauen gegenüber den Männern festgestellt, auch in der Formerei waren die Leistungen nicht geringer.

In Anbetracht des guten Anpassungsvermögens der Frau eignet sie sich vorwiegend zu Arbeiten für Massenfabrikation im Maschinenbau und in der Holzbearbeitung, auch können weibliche Arbeitskräfte in der Gießerei als Kernmacherinnen, Gußputzerinnen und Maschinenformerinnen gute Verwendung finden, ebenso in der Modelltischlerei und zum Anstreichen und Lackieren. Für höhere Arbeitsleistungen kommen aber immer nur vereinzelte Frauen in Betracht.

Für Hilfsarbeiterdienste schwerer und schwerster Art, namentlich Transporte, Kohlenladen usw. sind sie dagegen nur bedingt zu verwenden; selbst die Zubilligung außerordentlicher Verdienste dürfte ohne Bedeutung sein, da die körperlichen Voraussetzungen fehlen.

Die Erfahrungen mit der Frauenarbeit im Werke gehen dahin, daß, entsprechende Unterteilung der Arbeit und demgemäß einfache Arbeitsvorgänge vorausgesetzt, die Leistungen der Frauen durchweg, und zwar bis zu 100 % höher sind als diejenigen der Männer, auch der gelernten.

Die Frau erweist sich bei Verrichtung einfacher Handarbeiten und Handgriffe als wesentlich gewandter, so daß die unproduktiven

Zeiten für Einspannen, Kurbeln, Ablegen usw. bei den Frauen erheblich geringer ausfallen.

Die Erfahrung hat weiter gezeigt, daß bei der Frauenarbeit eine besonders scharfe Kontrolle erforderlich ist, und zwar muß diese Kontrolle möglichst nach jedem Arbeitsvorgange einsetzen.

In denjenigen Fällen, in welchen die gleichen Arbeiten von Männern und Frauen, nebeneinander stehend, ausgeführt wurden, konnte nur eine geringe Steigerung der Frauenleistung festgestellt werden.

Erhebliche Steigerungen ergaben sich sofort, nachdem die Frauen von den Männern getrennt untergebracht waren. Dabei hat sich besonders beim Bohren der Zündkörper auf den achtspindeligen Bohrmaschinen und beim Eindrehen von Schrauben in Zünder beim Laborieren die obenerwähnte Steigerung der Leistung bis zu 100 % ergeben[1].

Mit der Beaufsichtigung der Frauenarbeit durch Frauen sind hier ebenfalls gute Erfahrungen gemacht worden. Vor allem im Laborierbetrieb ist es möglich, mit der Beaufsichtigung durch Frauen so weit zu gehen, daß für den gesamten Betrieb von ca. 400 Frauen nur eine männliche Aufsichtsperson erforderlich ist.

Erhöhung der Leistung infolge Aufsicht durch Frauen ist hier gegenüber der Aufsicht durch Männer nicht festgestellt worden.

Für das Einstellen der Maschinen werden besonders geeignete Frauen hier in der Weise verwendet, daß sie dem Einsteller eine Reihe von untergeordneten und vor allem gleichförmigen Arbeiten, welche sich an den einzelnen Maschinen wiederholen, abnehmen, so daß dadurch die Zahl der Einsteller vermindert werden kann.

Für ganz selbständige Einstellarbeit konnten Frauen bisher noch nicht verwendet werden. Für diese Arbeiten kommen jedoch auch nur ganz hochwertige gelernte Arbeiter in Frage."

Eine große Pulver- und Munitionsfabrik hebt hervor, daß sie schon Anfang 1916 Frauen ohne Schwierigkeiten in ausgedehntem Maße als Kesselheizerinnen, in der Schlosserei, Schmiede und Spenglerei, im Munitionsbetrieb für die Herstellung von Hülsen an Geschossen für Infanteriemunition und für das Laborieren, an automatischen Ziehmaschinen und -pressen und an den Revisionsmaschinen verwende, daß aber die Mängel der Frauenarbeit darin liegen, daß

---

[1] Ganz erhebliche Leistungssteigerungen nach räumlicher Trennung der Frauen von den „männlichen Bremsern" werden mehrfach hervorgehoben.

„sie außerstande sind, die Maschinen einzustellen und kleinere Mängel und Beschädigungen zu beheben, auch an verhältnismäßig einfachen Maschinen in Schießwolle= und Pulverbetrieben, für Ziehmaschinen und =pressen, noch mehr aber an den komplizierten Revisions= und Lade= maschinen, weshalb, um Betriebsstillstände zu vermeiden, gelernte Ar= beiter besonders aus den mechanischen Werkstätten herausgezogen werden mußten, damit auf 4—6 Frauen ein Einsteller entfiel". Durch weiteres Einziehen gelernter Arbeitskräfte erwuchs für die Betriebsleitung bald die Aufgabe, die Frauen „nicht nur soweit heranzubilden, daß sie die von ihnen bedienten Maschinen einstellen und kleinere Instand= setzungen selbst vornehmen können, sondern sie auch in der mecha= nischen Werkstätte bzw. Werkzeugmacherei mit der Anfertigung ein= facher Preß= und Ziehwerkzeuge, die in großen Mengen für die Fabrikation benötigt werden, zu betrauen". Die Anfertigung der Preß= und Ziehwerkzeuge bot für die Einführung der Frauen= arbeit ungleich größere Schwierigkeiten, „weil die Genauigkeit dieser Werkzeuge, die durch die Abnahmevorschriften und die geringen Wandstärken des zu verarbeitenden Materials bedingt ist, und meist nur einige hundertstel Millimeter Toleranz gestattet, es notwendig macht, daß für die Herstellung derselben eine gewisse Handfertigkeit, eine größere persönliche Aufmerksamkeit und ein Gefühl für genaue Messungen vorhanden sein muß; drei Eigenschaften, die für die Be= dienung der automatischen Maschinen weniger notwendig sind". „Neben der Heranbildung geeigneter Frauen mußte auch eine größere Unterteilung aller an den Werkzeugen notwendigen Einzelarbeiten und Bearbeitungsvorgänge erfolgen und für moderne Bearbeitungs= vorrichtungen und =maschinen gesorgt werden, damit auch weniger geschickte Arbeitskräfte mit wenig Handgriffen vollkommen ausgenützt werden können." Die Erfolge dieses Vorgehens sind zum Beispiel bei der Herstellung von Zieh= und Prägestempeln offensichtlich zutage getreten, von denen bei den ersteren nach erfolgter Unterteilung auf Spezialvorrichtungen, an denen nur Frauen arbeiten (kleine Richt= pressen, Präzisions= und Kurvenschleifmaschinen usw.) für die Her= stellung von je 200 Stück Ziehstempeln nur noch 2 Männer und 8 Frauen gegen ehedem 10 Männer und 1 Frau benötigt wurden und gleichzeitig die gesamten Bearbeitungskosten für einen Ziehstempel um 14 % zurückgingen, und bei den Prägestempeln 42 Stück von 1 Mann und 3 Frauen gegen früher 6 Männer und 1 Frau her= gestellt wurden, bei Rückgang der Akkordlöhne um 50 %. In dem gleichen Betriebe wurde der Stand der Einsteller für Revolverbänke und Vordrehbänke durch die Ausbildung der Frauen zur selbständigen Bedienung dieser Maschinen planmäßig und mit Erfolg in einer Lehrwerkstatt durchgeführt, so daß „die Frauen eine wesentliche Hilfe für die Ausführung einer Menge von Spezialarbeiten geworden sind, insonderheit die Schlosserinnen für die Anfertigung von Gebrauchs- und Revisionslehren, die die Frauen vom rohen Stück unter Zugabe von einigen Zehnteln Millimeter für das Schleifen der Meßflächen vollständig fertig herstellen lernten", während bei Fasson- und Spezial- lehren, die nicht geschliffen werden können, die Meßstellen von den Lehrenschlossern fertiggestellt wurden, die im übrigen „durch die Unterstützung der Schlosserinnen für eine Menge anderer, wichtigerer handwerksmäßiger Arbeiten frei wurden". Zum systematischen Aus- bau des Erreichten wurden die Frauen auch nach erreichter Aus- bildung unter Aufsicht gehalten und ihre Arbeiten so gewählt, daß unter dem ihnen schon bekannten Vorarbeiter die angelernten Handgriffe und Kenntnisse immer weiter gefördert wurden und „so die durch die Ausbildung entstandenen Mühen und Kosten sich durch die mög- lichst vielseitige Verwendung der Frauen bezahlt machen". Von den männlichen Kollegen wurde diesen ausgelernten Arbeiterinnen „viel- fach nicht nur keine Hilfe zuteil, sondern es wurden ihnen möglichst viel Schwierigkeiten in den Weg gelegt", da ein Teil der Arbeiter- schaft die Frauen nicht nur als Eindringlinge in ihren Beruf an- sieht, sondern vor allem als diejenigen, die sie für den Dienst an der Front frei machen.

In zahlreichen Berichten wird den Frauen das Zeugnis guten Willens und großen Fleißes ausgestellt und ehemalige Hausangestellte als besonders anstellig, frühere landwirtschaftliche Arbeiterinnen als anfänglich in der Auffassung und Handgeschicklichkeit etwas schwer- fällig, dann aber sehr zuverlässig und beständig; Industriearbeiterinnen aus anderen Berufszweigen als weniger aufmerksam und eifrig, vor allem auch als weniger beständig gekennzeichnet! Während bei den Jüngeren unter 18 Jahren der nötige Ernst während der Ausbildung vermißt wurde, wird bei den Älteren betont, daß sie sehr ungeduldig gegenüber den eigenen Fortschritten und sehr entmutigt waren, wenn ihnen ein Stück nicht gelang, so daß „während und auch nach der Ausbildungszeit freundliche Behandlung und gutes Zureden sehr viel zum Erfolge beitragen konnten." Den besten Beweis für die Erfolge zweckmäßiger Arbeitsteilung und planmäßigen Anlernens von Frauen sehen die Firmen in dem ständigen Heraufgehen des Anteiles der produktiven handwerksmäßigen Frauenarbeit.

Verschiedene Firmen — auch Schwerbetriebe — gingen im 3. Kriegsjahre dazu über, sämtliche Betriebserweiterungen fast ausschließlich mit Frauen zu besetzen, sodaß das Verhältnis der männlichen zur weiblichen Belegschaft, das um jene Zeit bei vielen 1 : 0,30 betrug, sich in wenigen Monaten auf 1 : 1,5 verschob. Aus diesen zahlenmäßigen Verschiebungen ist jedoch nicht ohne weiteres der Schluß zu ziehen, daß damit auch stets ein Ersatz gelernter männlicher Arbeiter erfolgt ist, da eben jene Betriebe oder Betriebsteile im Frieden nicht bestanden und die Art der jetzigen Fabrikation Gelegenheit zur Verwendung vieler un- und angelernter Arbeiter gab, zum Beispiel für Transportarbeiten und an Werkzeugmaschinen mit fest einstellbaren Arbeitsvorgängen (einfache Arbeiten an Drehbänken, Bohrmaschinen, Stanzen, Schleifapparaten, beim Schmiergeln, Härten, Glühofen- und Brühtrommelbedienen), sodaß zum Beispiel die Frauen die Arbeitskräfte stellten beim Laborieren bis zu 99 %, bei leichten Sprengminen und Granaten 95—97 %, bei 7½ cm Granaten 91 %, bei 10,5 cm Granaten 85 %, den dazu gehörigen Köpfen 93 %, bei mittleren und schweren Granaten und Wurfminen im Gewicht bis zu 37 kg 63 %, bei Zünderteilen teilen bis 98 %. Nach und nach haben sich allerdings aus den Reihen der so beschäftigten Frauen eine große Anzahl infolge besonderer Leistungsfähigkeit zu Kontroll- und Aufsichtsbeamten sowie durch den Besuch von Lehrgängen zu eigentlichen gelernten Arbeitern, besonders zu Einstellerinnen und Gruppenführerinnen an den Massenfertigungsmaschinen, einschließlich deren Instandhaltung entwickelt, soweit letztere ohne größere mechanische Arbeiten möglich ist, die Anzahl der zu bedienenden Maschinen nicht zu groß ist, die Maschinen in gutem Zustande sind, die Werkzeuge und Einspannvorrichtungen übersichtlich angeordnet und leicht zugänglich sind und das Ausrichten der Werkzeuge keine „erheblichen" Körperkräfte verlangt. Wiederholt hervorgehoben wird die unbedingte Zuverlässigkeit und Genauigkeit der Frauen bei der Kontrolle, sowie ihre besondere Eignung gegenüber dem Mann bei der Bearbeitung weicherer Metalle wie zum Beispiel bei Zink und Aluminium. Je länger der Krieg dauerte, je einheitlicher ist auch die Anerkennung der Leistungen der Frauen bei der Neuherstellung von Werkzeugen und Maschinenteilen auf Drehbänken, Fräs-, Schleif- und Bohrmaschinen, an schwierigen Revolverbänken mit mehrfacher Bohrung, beim Längs-, Quer- und Konusdrehen geworden, wofür ungeteilte Aufmerksamkeit und Nachdenken erforderlich ist, um die nicht einfache Folge der verschiedenen Arbeitswerkzeuge nicht zu verwechseln. Nach der Erfahrung bei der Ausbildung solcher Arbeiterinnen haben Firmen die Absicht bekundet, nach abgeschlossenem Besuch des zwölfwöchigen Lehrwerkstättenunterrichtes, diese Ausbildung in den Betriebswerkstätten bis zu einer Gesamtdauer von 2 Jahren fortzusetzen mit dem Ziele, die Frauen zu gut ausgebildeten Facharbeiterinnen zu entwickeln. Nach Abschluß der ganzen Ausbildung sollten sie ein Zeugnis erhalten, sowie eine Prämie und Urlaub unter Lohnfortzahlung und dann an entsprechend besser entlohnten Plätzen eingestellt werden. Da die in der Lehrwerkstätte während des Krieges ausgebildeten Frauen „wertvolle Arbeit, welche bisher von gelernten Arbeitern und Drehern ausgeführt wurde" und „an der Drehbank bei der Herstellung von Massenartikeln genauester Präzision dasselbe, was früher gelernte Dreher geleistet haben", konnten diese Firmen mit Recht annehmen, daß sie „ihren Bedarf an gelernten Facharbeitern, in denen sie dauernd großen Mangel hatten, in absehbarer Zeit durch so ausgebildete Frauen" würden decken können.

In der schweren Metall= wie auch in der eigentlichen Schwerindustrie, in der vor dem Kriege aus allgemeinen Gesundheitsheitsrücksichten und wegen der besonderen Unfallgefahren die Frauenarbeit entweder verboten oder allgemein nicht üblich war, wurde ihr Umfang nach und nach immer größer (zum Beispiel in der Gießerei, an Metallpressen, Walzenstrassen, Grobzügen, Dampfhämmern, Schargenkrähnen usw.) und die Arten der von ihnen auszuführenden Arbeiten immer schwieriger. So wurden zum Beispiel Frauen in Stahlwerken an schwersten Dampfhämmern bei der Bearbeitung schwerer und mittlerer Minenböden mit Erfolg verwendet, bei dem Heranholen der Rohlinge aus dem Feuer, dem Umschmieden unter dem Hammer, dem Unterlegen und Einschlagen der Gesenke; ferner an den Bohr- und Ziehpressenanlagen für mittlere und schwere Granaten und Minen. Auch die Bedienung mehrerer Revolverbänke zum Beispiel bei der Minenfabrikation und für verschiedene Arbeiten im Flugzeugmotorenbau erforderte erhebliche körperliche Kräfte, ebenso die Bearbeitung größerer Holzteile zum Beispiel auf den Eisenbahnreparaturwerkstätten.

Begreifliche Schwierigkeiten bildete die Ausbildung von Facharbeiterinnen auf Werften, da diese keine so große Zahl gleicher Fertigfabrikate, sondern nur Einzel= und Serienfabrikate herzustellen haben, und der Bau des Schiffskörpers hauptsächlich in Montagearbeit besteht und die Fertigstellung der zugehörigen Hauptmaschinen und Hilfsmaschinen, der Rohrleitungen und Armaturen möglichst

in den Werkstätten selbst geschieht, also sehr viel Werkstätten=
bearbeitung erfordert, die nur eine Serienfabrikation von geringer
Stückzahl (10—20) zuläßt. Für solche Betriebe geeignete Fach=
arbeiterinnen mußten also in den Stand gesetzt werden, schwierige,
häufig wechselnde Arbeit auszuführen, da die Natur der Arbeiten
eine Einstellung der Fabrikationsmethoden und einzelnen Arbeits=
vorgänge auf die Verwendung ungelernter Hilfskräfte nur in sehr
beschränktem Maße möglich machte. Eine erfolgversprechende Aus=
bildung mußte also entweder in einer sehr mannigfaltig angelegten
Lehrwerkstatt längere Zeit auch für unproduktive Arbeit in Anspruch
nehmen, oder die Frauen mußten zu Hilfsfacharbeiterinnen für eine
ganz bestimmte Richtung mit allen hierzu gehörigen Kenntnissen in
der Werkstatt selber mitten unter den gelernten Facharbeitern aus=
gebildet werden. Mit letzterer Methode sind auch hier gute Erfolge
erzielt worden für das selbständige Arbeiten nach Zeichnungen an
Werkzeugen und am Schraubstock und für die Erziehung zu dem not=
wendigen Verantwortungsgefühl. Die praktische Anleitung wurde
durch Kurse im Lesen von Zeichnungen, Umgang mit Meßgeräten,
Werkzeuglehre usw. ergänzt. Die Teilnahme an dem auf 3 Monate
mit 3 Wochenstunden berechneten Unterricht, an den sich Besprechungen
anschlossen, war obligatorisch, die erzielten Erfolge waren „im Großen
und Ganzen nach $1/2$—$3/4$ jähriger Ausbildung etwa dementsprechend,
was von einem guten Lehrling im 4. Jahre auf einem Spezialgebiet
erwartet werden kann, so daß man die Frauen als selbständige Fach=
arbeiterinnen bezeichnen kann", da sie komplizierte Zahnradhobel=
maschinen und Halbautomaten ganz selbständig einstellten und auf
der Zahnradmaschine sehr genaue Teile, wie zum Beispiel Kegelräder
für Torpedoantriebe anfertigten. Nach einiger Zeit der praktischen
Arbeit wurde den so ausgebildeten Arbeiterinnen noch ein Fort=
bildungskursus gegeben — ebenfalls unter Lohn= und Prämien=
zahlung —, in dem u. a. die Projektionslehre, das Skizzieren nach
Modellen und die Verwendung von Werkzeugmaschinen besonders
berücksichtigt wurden. Nach Heranbildung einer genügenden Anzahl
solcher Vorarbeiterinnen sollten diese für die Anlernung ihrer Kol=
leginnen benützt werden. Auch bei der Heranbildung von Frauen
zur Verwendung im eigentlichen Schiffbau und bei der Bordmontage
waren gute Erfolge zu verzeichnen, besonders für die Bedienung der
Bearbeitungsmaschinen und Hilfeleistungen beim Bohren, bei der
Montage von Rohrleitungen an Bord, beim Isolieren von Rohr=
leitungen usw., Arbeiten, die der Art nach nicht immer wiederkehren,

sondern häufig wechseln und ein gewisses Verantwortungsgefühl vom Arbeiter verlangen, außerdem — was für Frauen besonders in Betracht kommt —, im Freien und an Bord auszuführen sind. Hervorgehoben wird in dem betreffenden Berichte noch, daß gerade der Unterricht, der den Frauen „die Möglichkeit einer weiteren Ausbildung gibt, in ihnen ein gewisses Selbstbewußtsein und eine Art Handwerkerstolz geweckt hat", auch ihre Stetigkeit sehr günstig beeinflußt hat.

Im Gegensatz zu manchen Berichten von 1916 wird in den folgenden Jahren immer häufiger der Wunsch ausgesprochen, auch nach dem Kriege die Frauen zu behalten und ihrer Ausbildung — in Rücksicht auf den erwarteten Mangel an Facharbeitern — erhöhte Aufmerksamkeit zu schenken. Neben dem allgemeinen Fortbildungsschulunterricht, auf den die meisten Berichte aller an der Umfrage beteiligten Industrien Wert legen, betonen viele die Notwendigkeit nicht nur von Fachunterricht, sondern auch von der Absolvierung einer eigentlichen Lehre für die Frauen; letztere allerdings weniger universell handwerksmäßig als speziell fachgewerblich organisiert unter entsprechender Verkürzung der Lehrzeit auf ca. zwei Jahre. — Diese Forderungen werden wiederholt mit der besonderen Eignung und größeren Leistungsfähigkeit der Frau zum Beispiel für alle feinere Massenfabrikation, bei zahlreichen Präzisionsarbeiten, in der Kleinmechanik und Optik begründet und betont, daß man nicht von den „Arbeiterinnen erwarten könne, daß sie am liebsten schon am dritten Tage eine recht ansehnliche Leistung vollbringen sollen, während kein Meister sich von einem Lehrling nach dem ersten und zweiten Lehrjahre einen Vorteil erwarte", sondern ihnen eine „geordnete und organisierte Ausbildungsmöglichkeit" geben müsse, da sie „trotz der dem Manne entgegengesetzten bisherigen Erziehung und Ausbildung (häuslich, schulisch und beruflich) im Kriege schon eine wesentliche Stütze für die Industrie gewesen" seien.

Verschiedentlich wird der Wunsch, mit den Frauen weiterzuarbeiten, auch mit deren geringeren Lohnforderungen begründet, während von anderen wieder betont wird, daß die vermeintliche Lohnersparnis durch Minderleistungen nach Quantität und Qualität, durch Maschinenschäden, vermehrte Auslagen für Aufsicht usw. wieder wett gemacht würde. Diese abweichenden Auffassungen erklären sich zum Teil aus der Zugehörigkeit zu den verschiedenen Industriegruppen. Erstere treffen zu für die Textil=, Zigarren=, Konfektions=, Elektrische Industrie, und — im allgemeinen — für die Leichtmetallindustrie und Gebiete der chemischen Induſtrie; letztere für die Schwermetall=, Eiſen= und Maſchineninduſtrie.

Bei den Lohnangaben wird die Differenz gegenüber den Männern meiſt mit der durch Minderleiſtungen bzw. Mehr=auslagen beeinträchtigten Rentabilität begründet, jedoch auch bei Fabrikationszweigen, für die jene Gründe nach den allgemein ge=machten Erfahrungen nicht nur nicht zutreffen, ſondern die Frauen ſogar trotz der niedrigeren Akkordſätze mehr verdient haben als die Männer, alſo offenſichtlich m e h r geleiſtet haben. So vorſichtig man mit der ſchlagwortartigen Forderung „gleicher Lohn für gleiche Leiſtung" auch ſein muß, ſo entſchieden iſt doch zu fordern, daß nicht große Betriebe mit vielen Tauſenden von Frauen ganz ſum=mariſch für dieſe „grundſätzlich" nur zwei Drittel der für die Männer bei gleicher Arbeit üblichen Akkordſätze feſtlegen, und daß wenn und ſoweit Unterſchiede in den Leiſtungen vorliegen, dieſe bei der Lohnberechnung gewiſſenhaft gemacht und nicht ſummariſch unter der Annahme „geringerer Bedürfniſſe" der Frauen berechnet werden, zumal mehrfach von Firmen betont iſt, daß dieſe Gepflogenheit von den Frauen als ungerecht empfunden wurde und ſie häufig zum Wechſeln des Arbeitsplatzes veranlaßt habe. Wo „gleiche Leiſtung" vorliegt — d. h. gleich nach Art und Zahl der in der gleichen Zeit, aus dem gleichen Material, mit der gleichen Menſchen= und Maſchinen=kraft, mit den gleichen Werkzeugen hergeſtellten Stücke — iſt unbe=dingt der in der betreffenden Induſtrie und an dem betreffenden Arbeitsplatze den Männern bewilligte Lohn auch den Frauen zu ge=währen; — andernfalls beklage man ſich nicht über Lohndrückerei, Schmutzkonkurrenz, Männerverdrängung uſw. Die Lohnverhältniſſe werden weſentlich dazu beitragen — beſonders auch bei ſchlechter Konjunktur — der wirklichen Verdrängung der Männer durch die Frauen und der dadurch bedingten wirtſchaftlichen und ſozialen Herabdrückung jener vorzubeugen. Sie werden dazu helfen, dem in den meiſten Fällen „v o l k s w i r t ſ c h a f t l i c h e n R a u b b a u" der außerhäuslichen eheweiblichen Erwerbsarbeit zu ſteuern und im Ver=ein mit ſyſtematiſch ausgebautem Kinder=, Jugendlichen= und Ar=beiterinnenſchutz die ſinngemäße — und letzten Endes volkswirtſchaftlich einzig rentable — „Verteilung der Arbeit unter die Geſchlechter nach Kraft und Eignung" zu befördern. Allerdings iſt für uns aller ſozialpolitiſche Fortſchritt unendlich erſchwert durch unſere faſt ver=zweifelte wirtſchaftliche Lage, denn — und das ſollten alle bedenken, die in unſerer jetzigen außenpolitiſchen und dadurch innerwirtſchaft=

lichen Zwangslage glauben, innerpolitische Reformen durch Streiks befördern zu können — die Voraussetzung für sozialpolitischen Fortschritt liegt zu einem großen Teil in wirtschaftlicher Blüte und Stabilität, die auch noch nicht ohne weiteres — wie manche glauben — durch sozialpolitische **internationale** Abmachungen ersetzt werden kann. Trotz — oder gerade wegen — dieser Schwierigkeiten müssen wir sozialpolitisch doppelt wachsam sein gegenüber der Entwicklung der Frauenarbeit, denn der gegenwärtige Zustand — fast völlige Verdrängung der Frauen vom gesamten Arbeitsmarkte — wird nur vorübergehend sein. Es ist mehr als wahrscheinlich, daß wirtschaftliche Not auf seiten der Frauen, Kapitalsknappheit auf seiten der Produzenten und Konsumenten, sowie Materialknappheit uns zwingen, in immer größerem Maße unsere eigenen Bedürfnisse mit normalisierter und typisierter Mittelware — bei deren Herstellung der handwerksmäßig ausgebildete hochqualifizierte Arbeiter gegenüber dem angelernten Facharbeiter der Zahl nach stark zurücktritt — zu decken, während Ein- und Ausfuhrbeschränkungen unserer bisherigen Feinde uns die Herstellung und den Absatz von hochwertigen Qualitätswaren auch nach dem Auslande unterbinden. Soll bei dieser möglichen Entwicklung die Konkurrenzfähigkeit aufrechterhalten werden, so kann diese — bei den in weitem Maße von unseren wirtschaftlichen Gegnern diktierten Materialpreisen — nur durch Lohnersparnis geschehen, und führt — wenn nicht beizeiten Vorsorge getroffen wird — zur massenhaften Verwendung von Frauen und Kindern; eine Entwicklung, gegen die dann auch die verschiedensten „Räte" machtlos sind, weil sie ihre Grundlagen in außenpolitischen und weltwirtschaftlichen Zusammenhängen hat. —

Die notwendige sozialpolitische Vorsorge ist insbesondere aus gesundheitlichen Gründen geboten, damit — soweit es irgend möglich ist — der im Kriege angerichtete Schaden wenigstens nicht noch vergrößert wird. So erfreulich auch die Bemühungen der Frauen, die Männer zu ersetzen und die Anerkennung ihrer Leistungen sind, jeder, der die Verhältnisse zu beobachten Gelegenheit hatte, weiß, wie teuer sie in ungezählten Fällen bezahlt worden sind, auch unter Berücksichtigung all der Schädigungen, die nicht aus der Arbeit an sich, sondern aus den allgemein erschwerten Lebensumständen hervorgegangen und für die Beurteilung der Verwendungsmöglichkeit der Frauen im Frieden in Abzug zu bringen sind. — Es unterliegt keinem Zweifel, daß — abgesehen von den zahlreichen Unfällen — die Frauen in der chemischen Industrie, in der Metall-, Maschinen-

Eisen- und Stahlindustrie, auf Hütten und Zechen, bei Transport- und Erdarbeiten, im Verkehrsgewerbe oft schweren Gesundheitsschäden ausgesetzt gewesen sind. Schon im Frieden hatten verschiedene Untersuchungen die geringere Widerstandskraft der Frauen gegen sogenannte „Blutgifte" erwiesen, besonders in Zeiten der Schwangerschaft, des Stillens usw. Diesen Giften waren die Frauen in der chemischen Kriegsindustrie bei der Herstellung von Explosivstoffen, beim arbeiten mit giftigen Gasen, ätzendem Dampf und Staub besonders ausgesetzt, zumal die Lieferung und Benutzung geeigneter Schutzkleidung und die Anbringung mechanischer Füllvorrichtungen (zum Beispiel für Pulver) bis zuletzt völlig unzureichend war, und die Anlegung der notwendigen sanitären Einrichtungen ebenfalls recht viel zu wünschen übrig ließ. Die nachteiligen Wirkungen von Verhebungen (zum Beispiel durch Tonnenstundenleistungen), Verrenkungen und Erschütterungen werden erst allmählich zur Geltung kommen, während die Vergiftungserscheinungen und zahlreichen Erkältungen (auch der Verdauungs- und Unterleibsorgane) gleich in den Krankenziffern zum Ausdruck gekommen sind. Während nach Kriegsausbruch bis in die Mitte von 1915 ein erheblicher Rückgang der Krankheitshäufigkeit bei den Frauen festgestellt ist, stieg diese späterhin wieder an und auch die — schon aus dem Frieden bekannte — längere Krankheitsdauer der weiblichen Mitglieder nahm absolut und relativ gegenüber der Steigerung bei den Männern noch zu. Diese ungünstige Entwicklung hängt zweifellos auch mit den unzweckmäßigen Anwerbungs- und Anstellungsmethoden zusammen, bei denen fast allgemein die notwendige physische Vorprüfung ganz vernachlässigt wurde. Zum Teil liegen die Gründe auch in der überaus zahlreichen Einstellung betriebsfremder und verheirateter Frauen, von denen die ersteren erst lernen mußten, mit ihren Kräften hauszuhalten, und die letzteren durch Mutter- und Hausfrauenpflichten überlastet oder durch Geburten geschwächt waren. Bei weiblichen Verkehrsangestellten hat sich zum Beispiel eine merkliche Abnahme der Krankenziffern bemerkbar gemacht, nachdem vielfach kräftige Mädchen an die Stelle der anfänglich eingestellten Kriegerfrauen getreten waren. —

Das erste Erfordernis bei der Ausgestaltung der Bestimmungen des Arbeiterschutzes ist die weitere Einschränkung der Kinderarbeit auf allen Gebieten, die Ausdehnung des Schutzes der Jugendlichen und der Frauen mit Kindern, d. h. also auch der unehelichen Mütter — in Zusammenhang mit dem Ausbau des Versicherungswesens —, weil die Schonung der Mädchen im Entwicklungsalter und der

Mütter ein unabweisliches volkserhaltendes Gebot ist. Deshalb dürfen Schutzbestimmungen auch nicht vor der Heimarbeit und nicht vor der Landwirtschaft Halt machen, und es ist nicht nur erforderlich, die Gewerbeaufsicht nach Umfang und Inhalt, sachlich und persönlich ganz bedeutend zu erweitern, sondern auch die notwendigen Organe zu schaffen, die für die Durchführung der Bestimmungen in Land= wirtschaft und Heimarbeit sorgen. Dazu wird man in besonderem Umfange auf die selbständige, verantwortliche Mitarbeit entsprechend vorgebildeter Frauen angewiesen sein, die in enger Zusammenarbeit auch mit der öffentlichen und privaten Wohlfahrtspflege ihre Aufgabe nicht für erledigt halten, wenn im einzelnen Falle auf ihrem Spezial= gebiete der Buchstabe des Gesetzes gerade erfüllt ist, sondern die ein offenes Auge und sachverständiges Urteil über die Zusammenhänge zwischen beruflichem und persönlichem Leben, zwischen wirtschaftlicher und sozialer Not, zwischen materieller Lage — Erziehung, Gesund= heit und Sittlichkeit haben. Für die Gewerbeaufsicht im engeren Sinne und ihr Objekt den „Arbeiter" kann alles nach dem Gesetze in bester Ordnung sein, für die Gewerbeaufsicht im weiteren Sinne und ihr Objekt den „Menschen" kann aber noch sehr viel zu tun übrig bleiben, deshalb muß sie die Verbindung und Zusammenarbeit mit der Wohlfahrtspflege grundsätzlich und systematisch aufnehmen. Hierauf ist bei dem bevorstehendem staatlichen Ausbau der Wohlfahrts= pflege von vornherein Bedacht zu nehmen; — die Notwendigkeit hierzu haben die Erfahrungen der Referate Frauen und der Fabrik= pflegerinnen im Kriege bewiesen. —

Wenn in der vorausgegangenen Darstellung besonders die metall= verarbeitenden Industrien behandelt worden sind, so ist dieses mit Rücksicht darauf geschehen, daß sowohl für die Friedenszeit Unter= suchungen über „die Entwicklung der Frauenarbeit in der Metall= industrie" vorliegen[1] als auch aus dem Kriege[2], sodann meine eigene hier berücksichtigte Umfrage namentlich jenen Industrien entstammt und vor allem auf ihnen die zahlenmäßig umfangreichsten und beruflich vielseitigsten Erfahrungen während des Krieges beruhen.

Es wurde schon eingangs betont, daß alles Kriegsmaterial große Gefahren für Fehlerquellen in sich birgt. Aus diesem Grunde ist auch bei der Benutzung von Zahlen und ihrer beweisführenden Ver=

---

[1] Dr. Elisabeth Altmann = Gottheiner, Schriften des ständigen Ausschusses zur Förderung der Arbeiterinnen=Interessen. Jena 1916, Fischer.
[2] Frauenarbeit im Kriege. Schriften des Metallarbeiterverbandes, Berlin.

arbeitung im Texte größte Vorsicht am Platze — sowohl bei Angaben über die Höhe der Belegschaften (die wesentlich mit der Jahreszeit schwankte), wie von durchschnittlichen Arbeitszeiten und Löhnen. Deshalb ist hier von ziffermäßigen Arbeitszeit= und Lohnangaben ganz abgesehen worden. Von ersteren ist bekannt, daß sie je länger je mehr in besorgniserregendem Mißverhältnis zu den Frauenkräften standen — von doppel= und dreifachen Schichten ganz zu schweigen — und daß aus den hygienisch und sittlich gleich schädlichen Gepflogenheiten des Krieges unter keinen Umständen auch nur der entfernteste Anlaß zur Verminderung des Arbeiterinnenschutzes genommen werden darf!

Was die Lohnhöhe anbetrifft, ist zu betonen, daß — nach den mir vorliegenden Angaben von Arbeitgebern aus allen Teilen Deutschlands — diese keineswegs den phantastischen Vorstellungen entspricht, die das große Publikum gemeinhin davon hatte, sondern daß sie sich unter Berechnung der — besonders seit 1917 — merklichen Steigerung aller Preise für Lebensmittel, Kleidung, Wohnung, Heizung, Reinigung, Beförderung usw. nur sehr knapp angepaßt hat, besonders bei den Frauen. Mit Schichtlöhnen von 25 Mk. zu operieren, ohne dabei zu sagen, daß es sich um einen überaus gesundheits= und explosionsgefährlichen Betrieb handelt, in dem jede Arbeiterin wöchentlich nur drei Schichten verfahren durfte, ist ebenso einseitig wie den Tagelohn polnischer Platzarbeiterinnen in Oberschlesien als Maßstab für die Entlohnung der Frauen im rheinisch=westfälischen Berg= und Hüttenwesen zu nehmen. —

Die nachstehenden Angaben über den ziffernmäßigen Anteil der Frauen an der Kriegsarbeit beruhen zur Hauptsache auf den Angaben einer mit Hilfe von Arbeitgeber= und Arbeitnehmerorganisationen gemachten Umfrage vom April 1916 bis zum September 1918. Wie schon gesagt wurde, ist aus der in manchen Industrien zutage tretenden ungeheuren Zunahme der Frauen weder zu schließen, daß sie die ehemals in dem gleichen Betriebe tätigen Männer für deren frühere Arbeit einfach ersetzt haben, noch daß für den Ersatz eines eingezogenen Mannes mehrere Frauen notwendig waren, also Schlüsse für ihre Unentbehrlichkeit, große oder begrenzte Verwendbarkeit zulassen; sondern die Zunahme erklärt sich vor allem aus der Umstellung oder Neuerrichtung von Betrieben für die Herstellung von Heeresbedarf aller Art. Aus gleichem Grunde ist auch der sonst unvermeidliche zahlenmäßige Rückgang in der Textilindustrie und im Bekleidungsgewerbe vielfach ausgeglichen worden, dort durch die Papiergarnspinnerei= und

Weberei; hier durch die Bekleidungs= oder die Bekleidungs= und Instandsetzungsämter der Heeresverwaltung. — Im Bekleidungsgewerbe hat sich übrigens die früher von Frauenseite aufgestellte Behauptung, daß die Arbeiterinnen bei genügender Anlernung und zweckmäßiger Verteilung der Arbeit auch die besten Maßstücke (Waffenröcke, Frack, Mäntel) herstellen können, und daß der Mann nur für die Hantierung des zu schweren Eisens beim Abbügeln nötig sei, voll bewahrheitet. — Auch in der Zigarrenmacherei hat man ohne Schaden den Frauen die Herstellung feiner — und damit höher entlohnter — Zigarren, die ehedem den Männern vorbehalten war, übertragen. Diese Verteilung der Herstellung von Qualitätsware unter die Geschlechter mit der Motivierung, die Frauen „können" das nicht, dem in Wirklichkeit Lohngesichtspunkte zugrunde liegen, findet sich verschiedentlich in der Industrie und ist im Verlaufe des Krieges ebenfalls klar zutage getreten. —

Die im Frieden bereits vertretene Auffassung, daß weder die Frage der Ausbildung der Frauen, noch der technischen Möglichkeit, der privatwirtschaftlichen Rentabilität oder der volkswirtschaftlichen Zweckmäßigkeit ihrer größeren oder geringeren Beteiligung am Produktionsprozeß generell zu beantworten ist, sondern für die einzelnen Berufszweige — unter besonderer Berücksichtigung ihrer Produktions= und Absatzverhältnisse — zu beurteilen ist, haben auch die Erfahrungen des Krieges bestätigt, und diese auf Gebiete ausgedehnt, für die bislang kein oder nur sehr beschränktes Material vorlag.

Mit besonderem Nachdruck ist hierbei von neuem die Tatsache hervorgetreten, daß bei Betrachtung und Beurteilung jener Fragen vor allem die generativen Aufgaben der Frau zu berücksichtigen sind, ihre — im Vergleich zum Manne — aus verschiedenen Gründen ganz eigenartige Stellung zum Arbeitsmarkte und dadurch veranlaßte besondere Wirkung auf die Gestaltung der Arbeitsverhältnisse im allgemeinen, der Lohnverhältnisse im speziellen. Die Kriegserfahrungen haben keinen Zweifel darüber gelassen, daß die so oft zur Bekämpfung der Frauenarbeit mißbräuchlich zitierte „Natur" für die schrankenlose berufliche Tätigkeit der Frau keinen Raum läßt. Allerdings — das Maß und die Mittel der Beschränkungen zu beurteilen wird in erster Linie F r a u e n s a c h e sein, wobei von vornherein und grundsätzlich der bisher — und besonders nach dem Kriege — immer wieder angewandte Gesichtspunkt „Ausschließung der Frau als Frau, weil sie dem Manne unbequem ist", auszuschalten ist.

Weder ein schrankenloser Konkurrenzkampf zwischen den Geschlechtern, bei dem — ohne genügenden Schutz — Frauen und Kinder zum Schaden des Ganzen mit völlig ungleichen Waffen kämpfen und unterliegen; noch eine aus Konkurrenzfurcht geborene willkürliche Beschränkung der Betätigung der Frau kann zur volkswirtschaftlich-zweckmäßigen Lösung sozial- und wirtschaftspolitischer Fragen beitragen, sondern die ökonomischen, hygienischen und ethischen Erfordernisse sind sachlich und vorurteilslos zu prüfen, damit auf Grund der von Natur gegebenen geistigen und körperlichen Kräfteverteilung und Eignung die Geschlechter in gemeinsamer Arbeit die politische wirtschaftliche und sittliche Macht Deutschlands wieder aufbauen und sichern. —

— 53 —

Anlage

Übersicht über die Anzahl beschäftigter Männer und Frauen vornehmlich auf Grund besonderer Erhebungen zwischen Juli 1914 und September 1918

	Juli 1914		April 1916		September 1918	
	Männer	Frauen	Männer	Frauen	Männer	Frauen
In 15 Betrieben der oberschlesischen Schwerindustrie im Bezirk Gleiwitz	20 000	2 700	21 000	4 500	—	—
Bergbau: Steinkohlen:						
Oberschlesien	—	5 737	—	12 591	—	—
Niederschlesien	—	335	—	1 137	—	—
Oberbergamt Dortmund	—	keine	—	9 644	—	—
Saarbrücken	—	"	—	89	—	—
Aachen	—	"	—	73	—	—
Linkes Niederrhein	—	"	—	238	—	—
Braunkohlen:						
Oberbergamt Halle	—	609	—	4 868	—	—
Linksrheinisch	—	keine	—	719	—	—
Salzbergbau:						
Oberbergamt Halle	—	13	—	99	—	—
Oberbergamt Clausthal	—	4	—	432	—	—
Erzbergbau:						
Mansfeld	—	keine	—	3 040	—	—
Oberharz	—	7	—	490	—	—
Siegen	—	256	—	491	—	—
Nassau und Wetzlar	—	23	—	76	—	—
Sonstiger rechtsrheinischer Bezirk	—	120	—	265	—	—
Linkes Rhein	—	68	—	85	—	—
Summe	—	7 172	—	34 537	—	—

	Juli 1914		April 1916		September 1918	
	Männer	Frauen	Männer	Frauen	Männer	Frauen
Oberbergamtsbezirk Dortmund	430 000	keine	350 000 (einschl. Gefangene)	6 000	—	—
Eisenindustrie:						
a) Rheinland-Westfalen in 46 Betrieben . . .	—	10 115	—	46 380	—	—
b) Oberschlesien in 23 Betrieben	—	488	—	4 620	—	—
In 19 Eisen-, Hütten-, Stahl- und Walzwerken (13 hatten vor dem Kriege keine Frauen) . . .	102 124	1 564	153 297	27 009	—	—
In 14 Eisen-, Hütten-, Stahl- und Walzwerken (5 hatten vor dem Kriege keine Frauen) . . .	58 773	661	—	—	111 550	38 445
In 6 Zechenbetrieben	14 909	keine	11 183	637	—	—
In 14 Zechenbetrieben (11 hatten vor dem Kriege keine Frauen)	22 148	1 590	—	—	21 352	2 133
In 104 Betrieben der Maschinen- und Metallindustrie (82 hatten vor dem Kriege keine Frauen)	183 022	1 437	172 471	45 105	—	—
In 63 Betrieben der Maschinen- und Metallindustrie (36 hatten vor dem Kriege keine Frauen)	104 138	26 888	—	—	111 144	91 058
In 10 Werken der chemischen Industrie	10 306	1 535	8 298	3 482	—	—
In 25 Werken der chemischen Industrie	6 926	1 784	—	—	19 580	22 997
In 23 Betrieben der Zigarren- und Zigarettenindustrie.	1 747	3 220	1 103	8 285	—	—
In 22 Betrieben des Bekleidungsgewerbes	703	1 013	984	4 294	—	—
In 12 Betrieben der Weberei und Spinnerei . . .	2 760	3 560	1 718	2 687	—	—
In 13 Betrieben der Weberei und Spinnerei . . .	3 898	4 396	—	—	2 787	8 124

Printed by Libri Plureos GmbH
in Hamburg, Germany